弥勒の方舟

～地球人が消える時～

目次

はじめに

２０２４年は、世界各国で政治的に大きな変革が起きた選挙イヤーでした。これらの選挙結果は、単なる政権交代にとどまらず、これらの変革は、政治や社会の仕組みを根本から再構築し、民主主義の進化を促し、国民がより自覚的に社会形成に関与する時代を切り開くことになるでしょう。

たとえば、フランス、イギリス、アメリカ、ドイツ、日本などでは、これまでの政治状況を一変させるような結果が出ました。

フランスでは、２０２４年６月６日から６月９日かけて行われた欧州議会議員選挙で、マクロン大統領を支える与党が大敗し、右派政党「国民連合」が躍進しました。その結果、エマニュエル・マクロン大統領は議会を電撃的に解散し、１９９７年以来の下院解散となりました。

ＥＵ加盟27カ国で実施された今回の選挙では、極右政党やナショナリスト政党が議席を増やしました。中道右派はドイツ、ギリシャ、ポーランド、スペインで最多議席を獲得し、ハンガリーでも大きく伸長しました。

フランス下院議会選挙では、投票率が過去の選挙よりも大幅に増加し、主要な三つの勢力がいずれも過半数に達しない「ハング・パーラメント（宙ぶらりん議会）」となりました。この選挙は、フランスの政治が新たな転換点に達したことを示しています。

イギリスでは、2024年7月4日に行われた総選挙で、労働党が圧勝し、14年間続いた保守党政権に終止符が打たれました。キア・スターマー党首が率いる労働党は400議席を超える大勝利を収め、一方で保守党は250議席以上を失うという歴史的な結果となりました。この選挙結果は、イギリス政治における大きな転換点となり、次期政府の方針に大きな影響を与えることが期待されました。

しかし、選挙から5か月が経過した現在、労働党に対する国民の不満が高まりつつあります。新政権もまた、国民のための政治を十分に実現できていないとの声が広がっているのです。

アメリカでは、2024年11月5日に行われた大統領選挙で、共和党のドナルド・トランプ氏が民主党のカマラ・ハリス副大統領を圧倒し、再び政権を奪取しました。トランプ氏は激戦州で全勝し、4年ぶりにホワイトハウスに戻ることとなります。また、この選挙によって、アメリカの大統領職と議会の上下両院を完全に支配することとなり、今後の政治的決定に重大な影響を与えることは必至です。これにより、政策の方向性は新たなリーダーシップの下で一変し、国内外におけるアメリカの立ち位置にも大きな変化が生じるでしょう。

さらに、日本でも２０２４年10月27日に行われた衆議院解散総選挙では、自民党が15年ぶりに過半数を割り込み自公の優勢性を失いました。長らく続いた自民党の圧倒的支配に終止符を打つ可能性が高まっており、今後の日本政治においても大きな転換点となるでしょう。

これらの選挙結果を振り返ると、世界の国々の政治は大きな転換期を迎えていることがわかります。特に、**民主主義の進化と退行が交錯する**中で、政権交代は単なる指導者の交代にとどまらず、国民のための政治がより一層強まり、国民の生活に直結する政策の転換を促す重大な転換点となっています。

人類全体の進化に伴う「歴史的な転換点」

わたしたちが生きる現代は、従来型の社会体制が大きく揺らぎ、これまで「常識」とされてきた価値観が音を立てて崩れ始めている転換期にあります。**かつて自明のものとされていた制度、経済の仕組み、人間関係のあり方は、次々とその限界を露呈し、新たな形態へと移行しようとしています。**この現象は、単なる社会の変化にとどまらず、人類全体の進化に伴う「歴史的な転換点」と言えるでしょう。

たとえば、テクノロジーの急速な進歩は、わたしたちの生活を便利にすると同時に、仕事のあり方や情報の扱い方に劇的な変化をもたらしています。さらに、気候変動や環境問題、経済の格差拡大や貧困問題といった地球規模の課題は、従来の考え方や行動ではもはや対応できない段階に達しています。これらの状況が示しているのは、過去の**「当たり前」を基盤とする体制が崩壊し、新しい仕組みや価値観への移行が不可避であるという現実**です。

このような大きな変化の中、わたしたち一人ひとりの「在り方」もまた、根本的な変革を求められています。変わることを恐れるのではなく、**変化を受け入れ、その中で新たな可能性を見出すことが、これからの時代を生き抜く核心となるでしょう。**仏教で語られる**「諸行無常」**の教えが示す通り、この宇宙に存在するすべてのものは常に変化しています。変化は終わりを意味するものではなく、新たな始まりを生み出す**「進化のプロセス」**そのものなのです。

変化を拒む姿勢は停滞を招きますが、変化を受け入れる姿勢はわたしたちに成長の機会をもたらします。この宇宙のすべてのものが常に変化し続けているように、わたしたちもまた、変化を恐れず流れに身を任せることで、より高次元の自分へと進化することができるのです。

大転換期における混乱や不安は、誰にとっても避けられないものです。この変化の過程において、従来の体制の崩壊、人工知能や無人化ロボットや次世代エネルギー革命といったテクノロジーの急速は進展、グローバル金融資本主義の変革、そして、いつ起きてもおかしくない大規模な天変地異といったことも起こることになります。

しかし、それは新しい世界への入り口に立っている証でもあります。古い体制や価値観が崩れ、新しい時代が幕を開けようとしている今こそ、わたしたちは一歩踏み出し、変化を進化へとつなげる主体的な存在であるべきです。これまでの「常識」に囚われることなく、自分自身を柔軟に変化させながら、これからの時代にふさわしい新しい自分を創り上げていく。それこそが、新しい地球人が果たすべき役割なのです。

土の時代から風の時代へ

これらの政治的な変化を背景に、社会全体にも大きな変革が起きています。**「土の時代」**から**「風の時代」**への移行が進んでいると感じている方も多いことでしょう。土の時代とは、物質主義的な価値観や、組織的・固定的な社会構造が支配的だった時代を指します。それに対し、風の時代は、柔軟性、自由、個人主義、そして変化に対応できる社会を特徴としています。この時代の到来は、政治の枠組みや社会の価値観にも影響を与え、わたしたちの生き方や考え方に変化をもたらしています。

たとえば、過去には大企業や政官業の既得権益が社会を動かしていましたが、今やそれに対する反発が強まり、個人の力がますます重要になってきています。特に、ＳＮＳの普及により、マスコミや従来のメディアの影響力が低下し、情報の発信源が多様化しました。これにより、一般の人々が発信する力が増し、既存の権力構造に対して異議を唱える声が高まっています。

芸能界においても、大企業やメディアが主導権を握る時代は終わりを迎えつつあります。その背景には、多くの組織が抱える深刻な問題が浮き彫りになっている現状があります。たとえば、ジャニーズ事務所では、前社長であるジャニー喜多川氏による性加害問題が長年放置されてきたことが明るみに出ました。さらに、宝塚歌劇団では長時間労働やパワハラが問題視され、吉本興業では芸人の闇営業問題が大きな波紋を呼びました。こうした事例は、**組織支配の限界を象徴しています。**

芸能界以外にも、国内最大の学校法人である日本大学では、元理事長による背任問題やラグビー部における薬物事件が発覚し、組織全体の信頼が大きく揺らいでいます。また、東京オリンピックを巡っては、広告代理店の電通や博報堂を含む6社による談合事件が発覚し、日本国内のみならず、国際社会からの厳しい批判を浴びる結果となりました。さらに、大相撲では八百長問題が取り沙汰されるなど、各分野で不祥事が相次いでいます。これらの事例は、いわゆる「土の時代」に築かれた古い権力構造が、その限界に直面していることを如実に物語っています。

最近の日本では、政治の不透明性が一層浮き彫りとなっています。特に、自民党の旧安倍派幹部を中心とした裏金議員問題は、国民の信頼を大きく揺るがしました。この事件は、長年にわたる日本政治の権力構造の腐敗を象徴しています。

これらの問題は一部の政治家の個人的な倫理の欠如という問題にとどまらず、官僚機構や政党そのものが腐敗に加担している可能性を示しています。２０２４年10月27日に行われた衆議院解散総選挙において、こうしたスキャンダルが大きな影響を及ぼし、該当の政党は議席を大幅に失いました。この結果は、国民が政治の浄化を求めていることを端的に示しています。

これらの例は、長い間権力構造の中で隠されていた問題が次々と露呈していることを示しており、従来の組織が抱えていた課題がいよいよ表面化し、社会全体がそれを見過ごすことのできない段階に来ていることを物語っています。これからは個人の力や透明性のある社会の構築がますます求められる時代に入っていると言えるでしょう。

長らく日本のエンターテイメント業界で影響力を誇った組織は、その力を次第に失い、個々の才能や魅力がより強く求められる時代に突入しています。

かつてはテレビや新聞が情報の中心でしたが、今では誰もがスマートフォン一つで情報を発信できるようになりました。特にTwitter（現X）やInstagram、Youtubeなどのプラットフォームでは、個人が企業や政府に対して直接意見を述べ、多くの共感を得ることで影響力を持つことが可能です。

こうした動きは、政治や経済に対する異議申し立てを加速させました。従来の権力構造に挑戦する声が高まり、**社会全体が透明性と自由を求める方向へと向かっています。**

このような変化は、政治や社会だけでなく、わたしたちの日常生活にも影響を与え、個人主義と自由の価値が一層重要視されるようになってきています。

2030年までは弥勒の夜明けに向けた大峠

このような背景を踏まえ、近年が示す**「変革の年」**というテーマは、単なる出来事の集合体ではなく、わたしたちがこれから向き合うべき**「社会のあり方」**や**「人としての生き方」**を問い直す契機となる時代です。国や地域、個人がそれぞれの立場で何を重視し、どのように未来を築いていくべきなのか。その指針が求められる時代に入っています。

そして、2025年から始まる概ね5年間ではさらに変革が大きくなり、そのスピードも増してくるでしょう。見方によれば、それはまさしく大峠であり、これまでの時代の世直し、立て直しということになりますが、一方で、**「弥勒の夜明け」**に向けた一歩でもあるのです。まさに、それらの問題と向き合い、自身を変化させ進化させることができるか、それが今わたしたちに問われています。

「弥勒の方舟」は2025年から地球に、とりわけ日本に降り立つことでしょう。その船に乗るかどうかは、皆さんの判断に委ねられています。本書を手に取り、皆さまが正しい判断をされることを心より願っています。

本書では、現在進行中の出来事を手がかりに、これから訪れる社会の変化を捉え、その変化にどのように対応すべきかを考察します。さらに、一人ひとりが未来を切り拓き、**「弥勒の世」**という新しい時代の中でどのように行動し、役割を果たしていくべきかについて探求していきます。

2024年12月

成龍杜（なると）

第一章　新型コロナのパンデミックから学んだこと

望まない出来事が教えてくれること

２０２０年の初頭、突如として世界を襲った新型コロナウイルスのパンデミックは、わたしたちにとって予測不可能な出来事でした。この出来事は、社会的、経済的、そして心理的にわたしたちの生活を根底から揺るがしました。感染症の蔓延により、多くの人々が家に閉じ込められ、自由を奪われました。わたしは、この望まない出来事が、わたしたちにとって成長のための前兆であることに気づくには、時間がかかりませんでした。

なぜならば、わたしたちは常に安定を求めますが、実は**大きな変化は不安定な状況から生まれるからです。**悪い出来事が起こることで初めて、人は新しい視点を持ち、現状を見直し、成長するチャンスを得るのです。このパンデミックは、わたしたちにとってまさにそのような機会でした。日々の生活が一変し、予期しない出来事に対する適応能力を試される中で、自分が信じるべき価値観や道を再確認できた人も多かったのではないでしょうか。

変わりたい時には悪いことが起きる

人生において変化を望むとき、しばしば予期しない「悪いこと」が起こる場合があります。多くの人は、変化がスムーズに進むことを期待しがちですが、実際のところ、その過程では痛みや混乱が避けられないことがあるのです。たとえば、新型コロナウイルスのパンデミックは、社会全体に大きな混乱をもたらしました。しかし、この出来事を通じて、わたしたちは新しい価値観や考え方に目覚める機会を得ました。変化にはしばしば衝撃が伴い、その衝撃がわたしたちを目覚めさせ、成長を促すのです。

人生の中でわたしたちが成長するためには、現状を打破する勇気が求められる瞬間があります。そのようなときには、自己の限界を超え、未知の領域に足を踏み入れる必要に迫られるでしょう。それは一見すると困難に思えるかもしれませんが、実は進化の兆しでもあります。たとえば、コロナ禍をきっかけに、多くの人々が従来の働き方や生き方を見直しました。わたし自身も、社会状況が一変する中で、自分の価値観や人生の意義について深く考える機会を得たのです。このような困難は、わたしたちが変わるためのきっかけになることが多いのです。

具体的な例を挙げてみましょう。親子関係に問題を抱えている場合を考えてみてください。親子の間で改善を望んでいるものの、どうして良いかわからない状態が続いているとします。そのとき、突然の病気や、予期せぬ新しい出会いによって親元を離れざるを得なくなる、といった状況が起こることがあります。一見すると望まない問題のように思えるこれらの出来事が、実は親子関係を見直す契機となり、結果的に良好な関係を築くきっかけになることもあるのです。

このプロセスは、「現状への不満」から始まり、「変化を求める意識」が芽生え、それが原因で「問題が発生」し、最終的に「その問題への対処を通じて状況が好転する」というサイクルを辿ります。この一連の流れは、個人だけでなく、社会や組織の成長プロセスにも当てはまる普遍的な現象と言えるでしょう。

「悪いこと」と思える出来事が起きたとき、それを単なる不幸として受け止めるのではなく、自分自身を成長させるための必要な過程であると理解することが重要です。その視点を持つことで、困難をチャンスに変え、新しい自分へと進化するためのエネルギーにすることができるのです。

知識と権威に疑問を持つ

この数年間で、わたしたちは多くの情報に触れる機会が増えました。その中で、わたしたちの判断を左右するのは、しばしば権威ある人物や機関からの情報です。医学やマスコミ、政治家や官僚、著名人や芸能人など、多くの人々が「正しい情報」を提供していると信じています。しかし、新型コロナウイルスのパンデミックを通じて、あなたも次第にそれが必ずしも正しいとは限らないことに気づいたはずです。

医学が必ずしも正しいとは限らない

最初、多くの日本人は専門家の意見を信じ、指示に従うことが最良の選択だと思っていました。しかし、次第にその意見が矛盾したり、状況に応じて変化したりすることが明らかになりました。医学は科学的根拠に基づいていますが、その根拠自体が不完全であることもあります。治療法や予防策に関しても、意見が分かれ、最適解を見出すのは難しいということもあるのです。

マスコミ報道が必ずしも正しいとは限らない

マスコミは情報を伝える役割を担っていますが、その報道が常に真実を反映しているわけではありません。情報の選別や偏向があるため、報道がすべて正しいとは限らないという現実を認識した人もいるでしょう。わたしは報道を鵜呑みにせず、他の視点を取り入れ、冷静に判断することが重要だと、自身のユーチューブチャンネルで何度も発信してきました。

政治家や官僚が必ずしも正しいとは限らない

政治家や官僚は、社会を動かす大きな力を持っていますが、その決定が常に国民の利益に沿ったものであるとは限りません。パンデミック対応を見ていると、政治家たちがしばしば優先するのは経済や選挙での支持であり、わたしたちの健康や生活が後回しにされることがありました。この経験は、リーダーたちの判断が常に最適でないことを示しています。

最近の日本では、政治の不透明性が一層浮き彫りとなっています。特に、自民党の旧安倍派幹部を中心とした裏金議員問題は、国民の信頼を大きく揺るがしました。この問題は、長年にわたる日本政治の権力構造の腐敗を象徴しています。

これらの問題は一部の政治家の個人的な倫理の欠如という問題にとどまらず、官僚機構や政党そのものが腐敗に加担している可能性を示しています。先日の衆議院解散総選挙において、こうしたスキャンダルが大きな影響を及ぼし、該当の政党は議席を大幅に失いました。この結果は、国民が政治の浄化を求めていることを端的に示しています。

科学の限界と目に見えない世界

このパンデミックを通じて、多くの人が初めて**「目に見えない世界」**の存在に気づかされたのではないでしょうか。それは、ウイルスの存在だけではなく、人間関係や心の在り方といった、普段は気づきにくい領域にも関わるものでした。

パンデミックが始まった当初、多くの人が科学に解決策を期待しました。ワクチンの開発や治療法の確立に向けた研究が進められましたが、その過程で浮き彫りになったのは、科学にも限界があるという現実でした。科学は、目に見える現象を分析し、理論的に解明するための強力なツールですが、すべてを説明できるわけではありません。たとえば、「なぜ同じ環境にいても感染する人としない人がいるのか」という問いには明確な答えがありません。これに対し、東洋医学やスピリチュアルな考え方では、「気」の流れや個々のエネルギーバランスが影響しているという見解もあります。科学では解明できない領域が存在することをわたしたちはこのパンデミックを通じて学んだはずです。

自分を信じ、進む勇気を持つ

パンデミックを通じて最も重要な教訓は、周囲の声や情報に流されることなく、自分を信じることの重要性です。世の中が混乱し、誰もが不安に駆られる中で、わたしは自分の直感と判断を信じ、進むことを選びました。全体の流れに身を任せるのではなく、個々の選択が自分にとって最も適切であると信じることで、精神的にも安定を保つことができるのです。

正解は一人一人が決めるもの

新型コロナウイルスのパンデミックの影響で、大切な決断を強いられた人も多いのではないでしょうか。自分がどのように行動するか、どの情報を信じるかは、最終的には自分自身の判断に委ねられるのです。他人の意見に妄信するのではなく、自分自身で「正解」を見つけ、決断することの重要性をわたしたちは学んだはずです。

意見の相違で他者と争う必要はない

社会が分断され、意見が対立する場面が多く見られました。ワクチン接種やマスクの着用など、多くの問題について議論が続きましたが、わたしは意見の相違を恐れず、それぞれが自分の価値観に従って行動すべきだと考えるようになりました。違う考え方を持っている人々と争うのではなく、その違いを尊重し合うことが、より良い社会を築くためには不可欠だとわたしたちは学んだことでしょう。

全体主義から個人主義への変化

新型コロナウイルスのパンデミックは、全体主義的な思考と個人主義的な思考を鮮やかに対比させる象徴的な出来事でした。感染拡大の初期段階においては、社会全体の安全を守るため、各国で強制的な規制や制限が次々と導入されました。政府や医療機関をはじめ、組織や共同体が一丸となり対策を講じる中で、個々人の自由はしばしば制限される状況が生まれました。

しかし、時間の経過とともに、わたしたちは個人の自由や選択の重要性を改めて認識するようになりました。感染症の抑制という目的のために全体主義的な対応が一時的に正当化されたものの、社会には徐々に**「個人の権利」**と**「自由意志」**を尊重する動きが見られるようになったのです。このような変化を通じて、わたし自身も自らの生き方を見直すきっかけを得ました。他人と比較せず、自分自身を大切にし、自分の意志に基づいて行動することの大切さを痛感したのです。

象徴的な例の一つがマスクの着用に関する態度の変化です。パンデミック初期には、政府や医師、上司、親、教師といった権威ある立場の人々の指示や推奨に従い、マスクを着用する人が大半でした。しかし、感染症の状況が変化する中で、現在では街中でマスクを着けている人は大幅に減少しています。一方で、マイコプラズマ肺炎、ノロウイルスやRSウイルスなど新たな感染症が増加している状況もあります。これらの中で、「マスクを着けるか否か」という選択は、外的な指示によるものではなく、個人の判断に委ねられるようになってきました。

自由意志を持つ人と、無関心で依存する人々

わたしたちは現在、自由意志に基づいて自らの行動を選択するのか、あるいは他者や社会的権威に依存し、その指示に従うのかという選択の岐路に立たされています。この分岐点を通じて、個人主義と全体主義の間で揺れ動く社会の姿が鮮明になり、同時に、個人が自らの意志で選択することの重要性がこれまで以上に問われる時代となっています。

新型コロナウイルスのパンデミックは、このテーマを象徴的に浮き彫りにしました。パンデミックという危機を経験する中で、わたしたちは自分の意志がいかに重要であるかを学びました。他人の意見や行動に流されることなく、**自分の価値観や信念に従い、選択し行動することの大切さを深く実感したのです。**社会的な同調圧力や、権威に基づく指示に頼るのではなく、自分自身の判断で道を切り開くことが必要であると痛感したは

ずです。

これからの時代、わたしたちはより自由で、個人を尊重する社会を築いていくことが求められます。それは、全体主義的な枠組みの中で管理される社会ではなく、個々人の価値や意思が最大限に尊重される社会です。一人一人が自らの選択をしっかりと信じ、その信念に基づいて進むことが、真の自由な社会を実現する基盤となるのです。

パンデミックはまた、新たな時代の地球人として生きる在り方をわたしたちに問いかける出来事でもありました。この**新しい時代とは、自立、共生、そして調和を基盤とした社会**のことです。個々人が自らを律しながら、他者と協力し、調和の取れた関係性を築いていく時代と言えます。一方で、**古い地球人としての「権力への依存、組織への盲従、無関心」の姿勢**にとどまる選択も存在します。この対比は、パンデミックの中で顕著に表れた社会的な現象でした。

そして、**新しい地球は、個の尊重、多様性、そして平等な競争が重視される社会です。それは、支配者や権力者によって提供されるものではありません。**支配や権力に依存する構造は、古い地球の特徴を表しています。本当の意味で覚醒していない人々は、これからも理想を外部の権力者に頼り続け、支配と依存の世界に留まることになるでしょう。

第二章　破壊と再生の大覚醒が訪れる

太陽系の９番目の惑星「冥王星」がみずがめ座に突入した

２０２４年11月20日、太陽系で９番目の惑星である**冥王星**が約２４８年ぶりに**みずがめ座**に突入しました。みずがめ座は**「風の時代」**の象徴的な星座です。この天文現象は、占星術やスピリチュアルな視点から**「破壊と再生」**を象徴し、大規模な変革の到来を告げるとされています。冥王星の動きは、個人や社会に深い影響を与え、**新たな時代の幕開け**を示唆します。

冥王星が最後にみずがめ座に位置したのは１７７６年から１７９６年の間であり、この時期には**フランス革命**や**アメリカ独立宣言**といった世界史を変える出来事が相次ぎました。これらの出来事は、**現代の西洋文明である民主主義の基盤**を築いたと言えます。このように、冥王星は人類史の中で「古い体制を破壊し、新しい世界を創造する」象徴的な役割を担っているとされます。

一方、２０２０年12月22日、**土星と木星がみずがめ座の領域でグレートコンジャンクション**（大合）を形成しました。この現象は、時代の変革を告げるとされ、まさにその前後で、世界は新型コロナウイルスのパンデミックによる大きな変化を経験しました。この時期、多くの人がリモートワークを取り入れ、個々のライフスタイルが再構築され、健康と向き合う時間が増えました。２０２４年の冥王星のみずがめ座突入は、この変革のさらなる深化を予感させます。

自然界には支配と依存は存在しない

変革の時代において、わたしたちは自然界の調和から多くを学ぶことができます。たとえば、ジャングルを想像してください。そこには無数の生物が共存し、個性豊かな多様性が織り成す生態系が広がっています。それぞれの種が自らの役割を果たしながら、全体としてのバランスを保っています。**自然界は、常に強制や支配ではなく、調和の中で生きています。**こうした姿は、これからの社会が目指すべき姿を象徴していると言えるでしょう。

人工知能テクノロジーの進展が加速する

冥王星がみずがめ座に滞在する間、最も注目されるのが**テクノロジー分野の進展**です。

人工知能、ロボットによる無人化、量子コンピュータ、バイオサイエンス、量子核融合発電などの次世代エネルギー革命、そして人類の意識進化を促すような革新が急速に広がると予測されています。みずがめ座が象徴する「自由」「慈愛」「調和」「未来志向」というテーマは、社会全体にわたるテクノロジー活用の方向性にも大きな影響を与えるでしょう。

占星術では、12星座は牡羊座から始まり、最終的にみずがめ座や魚座に至ります。この流れは、個人の意識から人類全体の集合意識へと進化する過程を象徴しています。みずがめ座は、個人の自由や独立性を尊重しながらも、人類全体の協力や進化を重視する星座です。冥王星がこの位置に入ることで、わたしたちは「個」を超えて「全体」について考え、行動する時代に突入すると言えるでしょう。

冥王星のみずがめ座時代は、過去の歴史を振り返りながら未来を描く重要な時期となります。社会的な仕組みや価値観が大きく変わり、新しいテクノロジーと意識の進化がわたしたちを次のステージへと導いていくでしょう。

地球人の精神に大きな影響を与える冥王星

冥王星は、太陽系の9番目の惑星であり、非常に遠くに位置しているため、その動きが地球上に与える影響は時間差があります。冥王星の質量は地球の約0．06倍、1日の長さは約6日9時間、そして1年は約247．6年と非常に長い周期を持っています。

つまり、冥王星が1つの星座に滞在する期間は非常に長く、わたしたちが感じる変化はその周期に応じてゆっくりと現れます。

また、冥王星の名前は、ローマ神話の冥界の神「プルート」に由来しています。この神は死後の世界を支配する存在として描かれており、冥王星は精神的な側面、特に死や再生、変容といったテーマを象徴します。

冥王星の周期的な動きは、歴史の大きな転換点とも重なっています。冥王星が最後にみずがめ座に移行したのは1776～1796年の21年間であり、この時期はアメリカ独立戦争（1778～11783年）やフランス革命（1789～1798年）が勃発した時期でもあります。冥王星がみずがめ座に位置することで、社会や政治の構造が根本的に変化し、人類の自由を勝ち取る革命的な出来事が生じやすくなることがわかります。フランスがアメリカ側に参戦することで戦局が有利に進展し、最終的にはアメリカが独立を果たしました。この戦争が終結する過程で、世界は新しい秩序に向かう動きを見せました。同じくフランス革命でも冥王星がみずがめ座を運行していた時期に発生し、絶対王政が崩壊し、近代民主主義が形作られていきました。

このような大きな変革は、単に社会制度にとどまらず、人々の価値観や認識にも深い影響を与え、精神的な成長を促すきっかけとなるでしょう。

つまり、これからの時期は、今までの価値観や体制が崩れ、新たな社会構造や精神的な認識が形成されることが予想されます。冥王星の動きが示す「破壊と再生」は、個人の内面にも深い影響を与え、自己変革や精神的な成長の過程が加速するでしょう。

古い体制や価値観が崩壊する過程で、わたしたちは新たな生き方や精神的な方向性を模索することになります。**冥王星がみずがめ座にいる間、わたしたちは個人主義と共同体意識、技術の進化と精神性の成長のバランスを取ることが求められるでしょう。**この時期は、これまでの物質的な価値観から精神的な価値観へとシフトしていく過程が加速する可能性があり、特に日本をはじめとするアジア地域がその精神的な変革の中心となると言えるでしょう。

オリオン大戦の記憶

わたしたちが住む宇宙には、数え切れないほどの星々があり、それぞれが独自の進化を遂げています。しかし、かつてその宇宙の中で高度に進化した星々の間に壮絶な戦争があったと言われています。それが**「オリオン大戦」**と呼ばれる戦いです。この戦争は、単なる物理的な衝突ではなく、宇宙的な価値観の衝突であり、光と闇の相剋（そうこく）を象徴するものでした。何万年にもわたるこの戦争は、愛と調和を目指す宇宙の在り方に深刻な試練を与えた出来事でもあります。

オリオン大戦が勃発する以前、高度に進化した星々は互いに協力し合い、**愛と信頼によって結ばれた「宇宙連盟」**のようなネットワークを形成していました。これらの星々は、宇宙全体の調和を目指し、知性と創造力を駆使して他者を支える関係性を築いていたのです。

しかし、その調和は永遠には続きませんでした。ある時、宇宙連盟の中に亀裂が生じ、星々は二つの勢力に分かれることになります。一方は愛と奉仕を基盤とした「光の勢力」、もう一方は力と支配を重視する「闇の勢力」です。この分裂がきっかけとなり、壮絶な戦争が幕を開けました。

争いの引き金となったリーダー「ルシ」

この戦争を引き起こした中心的な存在として語られるのが、「ルシ」と呼ばれるリーダーです。ルシは非常に知性と創造力に優れた存在であり、その影響力は宇宙全体に及びました。しかし、彼は自らの力を誇示するために、愛に基づく調和のエネルギーを支配と自我の追求に利用してしまいました。

ルシは多くの星々や存在を支配下に置き、愛のエネルギーをねじ曲げていきました。これにより、宇宙の平和は脅かされ、光の側につく者とルシの闇の側につく者が激しく対立する事態へと発展していきます。この状況下でルシを支持した星々が形成した連合は「オリオン連合」と呼ばれ、その名にちなんでこの戦争は「オリオン大戦」と名付けられました。

オリオン大戦は、宇宙規模で繰り広げられる壮絶な戦争でした。愛と調和を守ろうとする光の側と、支配とエゴを象徴する闇の側の戦いは、戦術や武器だけではなく、宇宙エネルギーや高次元の力を駆使して行われました。

オリオン大戦を経て、オリオン人たちの意識は次第に統合され、戦争の原因であった二極性を超越する方向へと進化していきました。**戦争を通じて愛と自由の価値を再認識し、エゴや支配欲を手放す学びを得たのです。最終的に、オリオン人たちのエネルギーは統合され、集合意識として一体化しました。**

現在、この集合意識となったオリオン人たちは、地球に来て宇宙の星から転生してきた魂たちの存在をサポートする役割を担っています。彼らは、自らの過去の経験を基に、他の星々の魂が、善悪の二元論に陥ってしまうことによる混乱を乗り越える手助けをしているのです。

オリオン大戦が教えるもの

オリオン大戦は、**いくら宇宙的に進化した存在や星々であっても、その心の中にエゴや支配欲が残っていれば、それが争いを引き起こす可能性があること**を示しています。この戦争を通じて、愛と調和がいかに脆（もろ）く、それゆえにいかに尊いものであるかを浮き彫りにしました。

また、わたしたちに**与えられている自由意志や創造力は、本来、愛を表現し、宇宙全体の調和に貢献するためのもの**であることを思い出させてくれる物語でもあります。この戦争は、宇宙全体の進化における一つの試練なのです。

興味深い点は、オリオン大戦が地球とも無縁ではないということです。

地球には、オリオン星系から地球に転生してきた魂たちが存在します。彼らが戦争そのものを引き起こしたわけではありません。しかし、その長きにわたる戦いの中で、多くの仲間を失った悲しみや喪失感を抱え続けています。

さらに、彼らの潜在意識には、その戦争の記憶が深く刻み込まれています。地球に転生した後、大脳における具体的な記憶を消して来たわけですが、ある特定のきっかけや状況に遭遇し、その記憶が呼び覚まされることがあります。

たとえば、オリオン大戦を思わせる描写が映画や物語の中で展開されたとき、あるいは、似た状況に直面したとき、彼らの深層意識から忘れられた記憶が甦ることがあるのです。その瞬間、彼らがとる行動や発する言葉は、きっと他の地球人にとっても大きな力となり、共感を生むことでしょう。

また、これらの魂たちが持つ知識や経験は、地球における調和や進化に貢献しています。彼らが戦争の記憶を思い出し、その経験を教訓として他の星々の魂を調和させることで、人類の成長を促すことになるでしょう。オリオン大戦は、単なる過去の出来事ではなく、わたしたちが地球という舞台でどのように愛と調和を実現し、人間が持つエゴを克服していくかという大きな課題を提示しています。

わたしたちはしばしば、愛と調和が絶対的で不変であり、変わらず保持できるものだと錯覚しがちです。しかし、オリオン大戦の教訓は、それらが努力と選択の積み重ねによって維持されるものであることを教えてくれます。**自由意志を持つわたしたちには、エゴによる支配を選ぶ道と、愛と調和による共存を選ぶ道のどちらにも進む可能性があります。**

その選択こそが、個々の存在だけでなく、全体としての宇宙の進化に寄与するのです。

映画『スターウォーズ』はオリオン大戦をモデルにしている

「オリオン大戦の描写を描いた映画」と言えば、映画『スターウォーズ』が有名です。この映画の中でも、光と闇、調和と支配という宇宙的なテーマを象徴しています。『スターウォーズ』で描かれるジェダイ（光の勢力）とシス（闇の勢力）の対立では、オリオン大戦を彷彿とさせます。映画の中では、**「フォース（The Force）」というエネルギーが双方の勢力に利用されますが、これは宇宙の根本的な力である「愛のエネルギー」**がどのように使われるかを示していると言えるでしょう。

ジョージ・ルーカスが創造したスター・ウォーズシリーズにおいて、物語の中心的な哲学と力の概念を象徴してる「フォース」は宇宙のあらゆる存在に流れており、生命の存在そのものがフォースの一部です。これにより、**フォースは単なる魔法のような力ではなく、宇宙の根本的な法則に近いものとして描かれます。**

フォースには**「ライトサイド（Light Side）」**と**「ダークサイド（Dark Side）」**がありま す。ライトサイドは慈悲、調和、知恵、自己犠牲といった価値観を象徴し、ジェダイがこれを信仰して使います。ダークサイドは怒り、憎しみ、恐怖、欲望などの感情に基づく力で、シスがこの側面を利用します。両者の対立が物語の主軸の一つです。

そして、フォースは単なる力の概念ではなく、スター・ウォーズシリーズを通じて重要な哲学的テーマを提起しています。フォースは物語において単なる「超能力」以上の存在です。善悪や選択の重要性を示し、キャラクターたちが精神的な成長を遂げる上で中心的なテーマとなっています。ヨーダやオビ＝ワン・ケノービの教えは、**「欲望や恐怖を超えてバランスを保つこと」**の大切さを強調しており、人間の内面的な葛藤と普遍的な教訓を含んでいます。

また、宇宙全体を貫く神秘的なエネルギーとして描かれる一方、フォースの科学的説明として**「ミディ＝クロリアン（Midi-Chlorians）」**という微生物が登場します。ミディ＝クロリアンは、生命体の細胞内に共生する微生物であり、それを媒介として生命体はフォースとつながる能力を持つとされています。この設定は、フォースを単なるスピリチュアルな概念ではなく、科学的にも理解可能なものとして位置づける部分が大変興味深い点です。

ミディ＝クロリアンの存在は、目には見えないけれども重要な役割を果たす生命の基本構造を想起させます。わたしたちが生きる世界においても、たとえばウイルスや細菌といった微生物が生命活動に深く関わっています。

わたしたち**人間は、細菌やウイルスと共に生きる「超個体」**なんです。

人間の体は、実は膨大な微生物と共存しています。その中には、**細菌やウイルス、真菌**など多種多様な生命体が含まれており、これらの微生物の集まりは、**「ヒト微生物叢《そう》」（ヒトマイクロバイオーム）**と呼ばれます。

人間の体には、**約37兆個のヒト細胞**があると推定されています。一方で、微生物の数はさらに多く、**約39兆個**存在していると考えられています。これらの大半は、腸内に集中しており、わたしたちの健康や栄養吸収、免疫系の機能において重要な役割を果たしています。微生物の数はヒト細胞とほぼ同数、またはそれを上回る割合を占めており、わたしたちを守り、形作っているのです。

また、ウイルスは細菌よりもはるかに小さいため、個数としてはさらに膨大です。特に腸内には、細菌に感染する**「バクテリオファージ」**と呼ばれるウイルスが多数存在し、細菌とバランスを保ちながら共生しています。

また、驚くべきことに、わたしたちの体内のＤＮＡの**約8％は「内在性レトロウイルス（ＥＲＶ）」と呼ばれるウイルスの痕跡**であることが明らかになっています。これは、太古のウイルスが人間の進化に影響を与えた証拠とも言えるでしょう。つまり、わたしたちの遺伝子は感染レトロウイルスと共に進化してきたのです。

これらの微生物を質量で表すと、**体重の約1～2％を占めています。たとえば、体重7**

0kgの人であれば、約700〜1400gが微生物という計算になります。これは、小型の脳とほぼ同じ重さに相当します。

これらの微生物は、単にわたしたちの体内に存在しているだけではありません。**消化を助け、免疫系を調整し、さらには神経系にも影響を与える**など、生命維持に欠かせない役割を果たしています。このように、**わたしたちは「ヒト細胞だけで成り立つ存在」ではなく、微生物と共生することで初めて生命を営むことができる存在なのです。**これがわたしたちが**「超個体」**とも呼ばれる所以なのです。

話をスターウォーズに戻しましょう。

これをスターウォーズの設定と照らし合わせると、ミディ＝クロリアンは新型コロナウイルスなどの微生物とも比喩的に共通点を持つと考えられるでしょう。

新型コロナウイルスは、わたしたちの世界において不可視ながらも大きな影響力を持つ存在です。ミディ＝クロリアンと同様にウイルスも「力」そのものとして捉えることができるのです。つまり、その存在は「善」と「悪」のどちらにも転じ得る中立的な力であり、わたしたちがそれをどう扱うかによってその影響は大きく変わります。

スターウォーズが描くフォースの哲学は、欲望や恐怖といった人間の内面的な衝動を克服し、バランスを保つことの重要性を説いています。**これは現実世界にも通じる普遍**

的な教訓であり、ウイルスのような見えない力がわたしたちに何をもたらすかは、そのウイルスの力にどう向き合うかにかかっているというメッセージとして解釈できるのです。

フォースがスピリチュアルな面と科学的な面を持つように、ミディ＝クロリアンという設定は、科学と信仰、物質と精神といった二元性を超えた調和の象徴とも言えるでしょう。現実でも見えない力が世界を支えているように、わたしたち一人ひとりの中にも宇宙とつながる可能性が秘められています。この潜在的な力を活用し、欲望や恐怖に飲み込まれることなく、調和の取れた選択をすることが、スターウォーズがわたしたちに伝えたい真のメッセージだと言えます。

『スターウォーズ』が全世界で愛される理由の一つは、そこに描かれる物語がオリオン大戦のエッセンスを含み、わたしたちの内なる光と闇の葛藤に訴えかけるからかもしれません。この壮大な物語を通じて、わたしたちは愛の力がいかに重要であるかを学び、内なる進化の道を歩むヒントを得ることができるのです。

第三章　時代は80年周期で動いている

文明の発展と衰退の周期

さて、皆さんは、文明の発展と衰退に一定の法則がある、という仮説をご存じでしょうか？

その法則とは、**「文明の周期はおよそ80年である」**というものです。この仮説では、**文明は40年間の発展期と40年間の衰退期を繰り返しながら進んでいく**とされています。

この周期性を理解することで、わたしたちは歴史における重要な転換点をより深く見つめることができるでしょう。そして、現在の状況を知り、未来に向けて進むべき道を考える上での重要な指針を得る手助けにもなります。

それでは、過去を振り返り、この周期がどのように現れているかを見てみましょう。そこには、わたしたちがこれから歩むべき未来へのヒントが隠されているかもしれません。

第一の時代・・・市民革命の時代（1785年～1865年の80年間）

1785年から1865年までの80年間は、**市民革命の時代**でした。この期間は、世界中で市民権と自由を求める動きが盛んになりました。この時代の始まりは冥王星がみずがめ座内に突入した時代と符合します。米国では**独立戦争**（1775～1783年）が起こり、**フランス革命**（1789～1795年）が進行しました。日本では、**天明の大飢饉**（1782～1788年）による極度の食糧不足と、重税に対する反発が背景となり、農民を中心に大規模な一揆が発生し、江戸幕府も対応に苦慮しました。

また、**産業革命**が起こり、産業の変革と**石炭利用によるエネルギー革命**、それにともなう社会構造の変革がありました。綿織物の生産過程におけるさまざまな技術革新、製鉄業の成長、そしてなによりも**蒸気機関**の開発による動力源の刷新が挙げられます。これによって工場制機械工業が成立し、また蒸気機関の交通機関への応用によって蒸気船や鉄道が発明されたことにより交通革命が起こりました。

第二の時代・・・戦争の時代（1865年～1945年の80年間）

1865年から1945年までの80年間は、**戦争の時代**として特徴づけられます。世界中で資源争奪や領土拡張を目指す戦争が続きました。**アメリカ南北戦争**（1861～1865年）**や、第一次世界大戦**（1914～1918年）、**そして第二次世界大戦**（1

939～1945年）が続き、世界の大国間で壮大な戦争が繰り広げられました。この時期は、国際的な競争と対立が激化し、世界が大きく変動しました。これに伴い、**技術革新や兵器の進化**も見られました。

また、**第二次産業革命が進行**し、イギリス以外にドイツ、フランスあるいはアメリカ合衆国の工業力が上がってきた期間であり、**化学、電気、石油および鉄鋼**の分野（重化学工業）で技術革新が進んだ時期です。消費財の大量生産という仕組み面の発展もあり、食料や飲料、衣類などの製造の機械化、輸送手段の革新、さらに娯楽の面では映画、ラジオおよび蓄音機が開発され、大衆のニーズに反応しただけでなく、雇用の面でも大きく貢献しました。

一方、日本では1868年に**明治維新**が起こり、**帝国主義の道**を歩み始めます。この時期は、封建制度の崩壊と、それに続く市民革命による新しい政治システムの確立が顕著でした。明治政府は近代国家の建設を目指し、西洋の制度や技術を積極的に取り入れることで、社会全体の大改革を進めました。この結果、経済活動や貿易が大きく活発化し、商業や産業は驚異的な速度で発展していきます。

明治維新から第二次世界大戦に至るまでの日本の歴史は、国家の発展と衰退が交互に訪れるという周期性がピタリ一致しています。その象徴的な出来事として、1895年の**日清戦争の勝利**、1905年の**日露戦争の勝利**、そして1945年の**太平洋戦争におけ**

る敗北が挙げられます。これらの出来事は、日本が軍事面において国際社会の地位を高め、同時にその限界に直面する過程を映し出しています。

特に１９０５年は、日本が発展期のピークに達した年と見ることができます。日露戦争における勝利は、日本が列強の一員として認められた歴史的瞬間であり、国民の自信を大いに高めました。しかし、その後の40年間、日本は徐々に衰退の道を辿り、最終的に１９４５年の太平洋戦争敗戦を迎えます。この衰退期のピークは、まさに国家の崩壊を象徴するものでした。

興味深いのは、このような発展と衰退の周期は、先ほどの約40年周期説のサイクルで一致している点です。このサイクルが歴史の必然であったとするならば、１９０５年の栄光も、１９４５年の悲劇も、避けることができなかった運命だったのかもしれません。歴史は単なる偶然の積み重ねではなく、そこには一定の法則性や周期性があるのです。

第三の時代・・・経済の時代（１９４５年～２０２５年の80年間）

１９４５年から２０２５年までの80年間は、**経済の時代**として、世界史において特筆すべき時期でした。この時期は、第二次世界大戦の終結とともに始まり、戦後復興と経済成長が世界規模で加速した時代でもあります。資本主義経済が優位に立つ中で、国際貿易や経済のグローバル化が著しく進展しました。特にアメリカ合衆国は経済の中心的な役割を果たし、冷戦時代には多国籍企業が台頭し、これまでにない経済的繁栄をもたらしました。

日本もまた、この時代において大きな役割を果たしました。戦後の焼け野原から驚異的な復興を遂げ、１９６０年代から１９８０年代にかけては「経済大国日本」として世界経済のトッププレイヤーに躍り出ました。この急速な発展は、「高度経済成長期」として歴史に刻まれ、白物家電や自動車、航空機といった製品が世界市場で高い競争力を誇るようになりました。特に新幹線をはじめとするインフラ整備やエレクトロニクス産業の進化は、日本の技術力と経済力を象徴するものとなりました。

この80年間の特徴は、**第三次産業革命の進化とテクノロジーの飛躍的発展**が密接に絡み合った点にあります。１９８０年代以降には、コンピューター技術やインターネットの普及、スマートフォン、クラウドサービスといった革新が相次ぎ、**「ＩＴ革命」**と呼ばれる新たな時代の幕開けが訪れました。このデジタル技術の進展は、わたしたちの生活スタイルや社会の在り方を根本から変える結果をもたらし、現代のグローバル経済の基盤を築き上げました。

また、１９４５年から１９８５年までの40年間は、日本経済が急速に発展し、成長を続けた時期です。１９６４年の東京オリンピックや１９７０年の大阪万博は、日本の成長を象徴する出来事であり、経済的な自信を国民にもたらしました。しかし、経済発展のピークと一致する1985年のプラザ合意を転機として、日本経済は失速し始めます。これ以降の40年間（1985年～2025年）は、バブル崩壊、長期的なデフレ不況、さらには少子高齢化による社会的課題が浮き彫りとなる困難な時期となりました。

この40年周期は単なる偶然ではなく、経済や社会構造が変化するプロセスにおいて一定の法則性が働いている可能性を示唆しています。プラザ合意以降、日本はバブル崩壊後の経済停滞から脱却できないまま、グローバル化や技術革新への適応が課題として残されてきました。しかし、この「経済の時代」の終盤に差し掛かる2025年を目前に、再び変革の兆しが見え始めています。時代が新たなフェーズに突入する時、わたしたちはさらなる進化を求められるでしょう。

第四の時代は「精神の時代」

2025年前後から新しい時代に入ります。来るべき時代は**精神の時代**となるでしょう。この時代は、2025年から2105年の80年間にわたって続き、前半は発展期で、後半は衰退期になります。第四の文明の到来は、物質的な繁栄や経済活動が徐々に衰退し、精神性と自己の内面に焦点を当てた社会へと移行する時期であると言えるでしょう。つまり、**物質的な成功よりも、内面的な成長や精神的な進化に重きが置かれる時代です。**人々は個々の意識の変革を迎え、より深い自己理解を求めるようになるでしょう。この時代においては、物質的な豊かさを追い求めることよりも、心の平安や調和、愛と共感が重要視されます。これまでの「第三の時代」までに、物質的な豊かさは概ね完成したと言えるでしょう。その代わりに、ITやSNS、AIといった情報空間においてテクノロジーの発展が進んでいます。これも、物質的社会から精神的社会への移行が進んでいることの裏付けとなります。

精神的な成長は、個人の内面での変化から始まりますが、それが社会全体に広がり、ついには地球全体の意識を進化させるきっかけとなるでしょう。特に、日本がその精神的な変革の中心となるでしょう。古代から日本は、豊かな精神文化の礎を築いてきた国であり、その価値観や知恵は、これからの世界にますます大きな影響を与えるでしょう。本書では、日本が精神の時代の先駆者となる理由について、詳しく解説していきます。

AGI（Artificial General Intelligence，汎用人工知能）

汎用人工知能とは、人間と同じように幅広い知的なタスクを柔軟にこなせる人工知能を指します。つまり、一つの状況に特化するだけでなく、多岐にわたる課題に対応できるのが特徴です。たとえば、人間が「絵を描く」「料理をする」「論文を書く」といった異なる分野の作業をスムーズに切り替えてこなせるように、汎用人工知能も同様にさまざまなタスクを処理できる能力を持っていきます。

一方で、現在使われている多くの人工知能は、**「狭い範囲に特化した知能」（Narrow AI）**と呼ばれます。これらは特定のタスク（例：画像認識、チェス、翻訳）に関しては非常に優れているものの、ほかのタスクにその能力を応用することはできません。

これらの「狭い人工知能」は、特定の分野でトップレベルの成果を出せますが、ほかの仕事には手が回りません。たとえば、翻訳ＡＩにチェスの対局をさせることはできませんし、チェスＡＩに文章を書くことはできません。

汎用人工知能が実現すれば、こうした個別の能力を統合し、一つのシステムで多様な課題を処理できるようになります。これは、人間のような柔軟な知能を持つ人工知能の誕生を意味しており、科学、医療、教育、ビジネスなど、あらゆる分野での応用が期待されています。

ＡＳＩ（Artificial Super Intelligence, 超人工知能）

超人工知能とは、あらゆる分野の知的活動において、人間の知能を圧倒的に上回る能力を持つ人工知能のことです。たとえば、わたしたちが数十年かかって解決するような複雑な科学的問題を数秒で解明したり、無限に近いアイデアを生み出して創造性を発揮したりすることができます。

この超人工知能は、現在研究が進められている汎用人工知能がさらに進化し、自己改善能力を持つことで誕生すると考えられています。

具体的には、汎用人工知能が自らのプログラムを改良したり、効率の良い学習方法を見つけたりすることで、**超人工知能は加速度的に賢くなり、ついには人間の理解や制御を超えた存在となる可能性があるのです。**

たとえば、チェスや将棋ではすでに人工知能が人間のプロを大きく上回る能力を示していますが、これはあくまで特定分野での能力です。**超人工知能はこれをはるかに超え、医療、科学、経済、芸術といったあらゆる分野で同時に高度な知能を発揮し、わたしたちが想像もしない解決策や新しい発見を提供できるのです。**

第四次産業革命と新エネルギー

２０２５年を境に人類は、物質的な技術革新と精神性の進化が共存する新たな時代へと突入しています。その中心に位置するのが、いわゆる**第四次産業革命**です。この革命では、人工知能、無人化ロボット技術、バイオサイエンステクノロジー、量子コンピュータ、さらには次世代エネルギー技術などが主軸となり、わたしたちの社会や生活様式にかつてない変化をもたらすことでしょう。

とりわけ、汎用人工知能や超人工知能の分野は、今後20年以内に飛躍的な進化を遂げます。これに伴い、無人化ロボット技術も高度化し、産業だけでなく日常生活のあらゆる領域で革新を引き起こすでしょう。この技術の進歩により、**人類は生態系ピラミッドの頂点から次第にその立場を再考する必要に迫られることになるでしょう。**超人工知能の登場は、人間の知能を超える存在を生み出し、その判断力や解決能力を活用する時代の到来を意味します。**人類が約４００万年にわたり築いてきた知的優位の座を譲り渡す可能性があるという未来像は、驚きとともに深い考察を促します。**

第四次産業革命を支える技術には、膨大なエネルギーが必要とされます。特に、人工知能や量子コンピュータの運用には、これまで以上の電力供給が不可欠です。このような背景から、エネルギー革命の進展は必然であり、喫緊の課題となっています。

これまでの人類史において、産業革命以降のエネルギーの主役は、石炭、石油、天然ガス、原子力、太陽光発電や風力発電などの再生可能エネルギーといった資源が占めていました。しかし、これらの資源には環境負荷や有限性といった課題が伴っています。次の時代では、より持続可能で環境に優しいエネルギー源が主役となるでしょう。その候補として注目されているのが、**量子核融合発電、水素燃料、メタンハイドレート**などの技術です。これらの新エネルギーは、環境負荷を大幅に軽減しながら、持続可能な社会の基盤を構築する中核となるでしょう。

特に量子核融合発電は、太陽の内部で起きている核融合反応を模倣し、膨大なエネルギーを生み出す可能性を秘めています。また、水素燃料は、燃焼後に排出されるのが水だけであるため、環境負荷が極めて少ないエネルギー源として期待されています。

一方、メタンハイドレートは、地球上の海底に大量に存在するメタンガスを利用する技術であり、既存のエネルギー資源を補完する役割を担う可能性があります。

これらのエネルギー技術は、単に環境問題を解決するだけでなく、新たな経済や社会の構造を形作る力を持っています。たとえば、エネルギー供給が分散化され、各地域で自立したエネルギー生産が可能になることで、地域社会の活性化や国際的なエネルギー依存からの脱却が期待されます。

しかし、人類が歴史上はじめて知的優位の座を超人工知能へ譲り渡すこととなったとしても、悲観的に受け止めるべき事象ではありません。物質的な支配や競争が優位を占めてきた時代から、精神的な成熟や協調が重視される時代へと移行する一つのプロセスと捉えるべきでしょう。超人工知能やその他の技術は、単なる効率化や利便性の向上にとどまらず、わたしたちの意識を広げ、新しい価値観や倫理観をもたらす可能性を秘めています。これらの技術は、人間が持つ創造性や精神性をさらに引き出すための重要な道具となり得るのです。

「支配、依存、洗脳」から「自由、自立、個の確立」へ

このように人類の歴史を振り返ると、**第一の時代**から**第四の時代**への移行は、単なる技術革新や社会構造の変化にとどまらず、精神的な進化の過程でもありました。この変遷の中で、わたしたちは「**支配、依存、洗脳」といった構造**から、「**自由、自立、個の確立**」へと向かう新たな潮流を目の当たりにしています。過去の文明においては、植民地支配や封建制度といった権力の集中と従属関係が社会の根幹を成していました。しかし、これから訪れる時代では、個々人の自由、自己表現、そして自己実現がますます重要な価値となり、人類全体が新たな意識へと進化することが期待されるのです。

精神の時代が本格化する中で、個々の人間が自身の内面を深く探求し、外部の支配や物質的依存から解放されることが求められています。これに伴い、わたしたち地球人は従来のあり方を再定義しなければならなくなるでしょう。言い換えれば、これまでの地

球人であり続けることは難しくなり、**次元上昇（アセンション）** が不可欠なテーマとなります。

次元上昇とは、単に物理的な変化を意味するものではありません。むしろ、それはわたしたちの意識や価値観が進化するプロセスを指します。この進化において、人間は物質的なものへの執着を手放し、本来の自分を見つめ直すことが重要です。これまでの時代では、金銭、所有物、社会的地位、権威などの物質的要素が人生の成功を象徴してきました。しかし、あの世（黄泉の世界）に行くとき、それらを持ち込むことはできません。それゆえ、新しい地球では、これらへの執着心が足かせとなり、わたしたちの進化を妨げる要因となるのです。

今後、地球人は消えていく……

この過程では、従来の**「三次元世界の古い地球人」**の存在が次第に消え去り、より高次元の意識を持つ人々が増加していくでしょう。その意識とは、利己的な欲望や物質的成功を超え、より調和的で愛に満ちた価値観に基づいた生き方を目指す**「五次元世界の新しい地球人」**が現れることでしょう。

この新しい地球では、思考や意識の波動が現実を創り出す速度が加速し、高次元の意識を持つ人々が新たな社会の礎を築いていくでしょう。

そして、それは望む人から先にその世界に向かうことになるでしょう。

第四章　仏教と量子力学と精神世界

素粒子の波動（エネルギー）は意識するまで観測されない

ここからは、新しい時代の新しい地球人における思考や意識において、「**波動が現実を創り出す速度が加速する**」理由を、量子力学という科学的視点から掘り下げてみたいと思います。

近年、量子力学は目に見えない意識や思考の働きと物質世界のつながりを解明する手がかりとして注目されています。この分野からのアプローチは、従来の物質主義的な世界観を超え、創造を現実化してくプロセスを理解する上で、とても重要な概念を発見させてくれます。

量子力学によれば、宇宙の根本は「**エネルギーの波**」として存在し、すべての物質や出来事はその波動が観測されることによって現実化する、とされています。この「観測」とは、単に視覚で見る行為だけでなく、人間の意識が関与する行為をも含みます。

かの有名な20世紀最大の実験とも言われる**「二重スリット実験」**では、電子や光の粒子がスリットを通過する際、観測者が関与するか否かによって、その挙動が「波」として現れるか「粒子」として現れるかが変わることが示されました。この現象は、物質が客観的な実体として存在するのではなく、意識が介在することで現実の形を取ることを意味します。これを**「新しい地球」**の文脈に当てはめると、意識や思考が波動を介して物質世界に影響を及ぼすことを示しており、さらに、その速度は、次元上昇によって飛躍的に加速する可能性を示唆しているのです。

新しい地球では、わたしたちの意識がより高い波動域へとシフトしていると考えられます。波動が高次元へ移行するほど、そのエネルギーは軽やかになり、物質的な抵抗が少なくなります。これにより、思考や感情といった意識のエネルギーが現実を創り出すプロセスが迅速化し、従来以上にダイレクトに形となって現れるのです。

たとえば、従来の三次元的な現実では、目標を実現するためには長期的な努力や物質的な手段が必要とされました。しかし、**新しい地球では、ポジティブな思考やハイヤーセルフとの繋がりによって、希望する現実を引き寄せ易くなるでしょう。**これは、個人が自己実現を果たすだけでなく、集合意識の波動をも変化させ、社会全体を愛と光、そして調和をもたらすとともに、社会に繁栄をもたらす可能性を秘めています。

量子力学では、すべての存在が**「量子場」**と呼ばれるエネルギーフィールドの中でつながっていると考えられています。この量子場は、わたしたち一人ひとりの意識や思考が発するエネルギーによって絶えず変化し、形を整えています。言い換えれば、わたしたちは皆、宇宙という大いなるキャンバスに対し、無限の可能性を描き出す創造者なのです。

新しい地球では、わたしたちが量子場との相互作用をより自覚的に行えるようになることでしょう。高次元意識にアクセスすることで、従来の物質世界の制約を超え、意識的に現実をデザインする能力が拡張されるのです。このプロセスは、個々の意識の進化だけでなく、集合意識全体の波動を引き上げる作用も持っています。

量子力学の視点から見ると、新しい地球における「思考や意識が現実を創り出す速度の加速」は、単なるスピリチュアルな概念ではなく、科学的な裏付けを持つ理論であると言えます。意識が波動を通じて物質世界に影響を与える仕組みを理解することで、わたしたちは新しい地球の可能性をより深く認識し、意識的な創造者としての役割を果たせるようになるのです。

この科学とスピリチュアルの融合は、人類がこれまでにない形で自らの意識を進化させ、調和の取れた新たな文明を築くための基盤となるでしょう。それは、個々の自由と自己実現が調和し、全体としての豊かさと幸福が実現される、まさに新しい地球の到来を告げるものです。

量子場、ゼロポイントフィールド、アカシックレコード、阿頼耶識

宇宙の本質についての探求は、人類の歴史を通じて多くの分野で行われてきました。現代物理学における「量子場」の概念は、かつて哲学や宗教で語られた「存在の根源」に対する理解と驚くほど多くの共通点を持っています。この文章では、**量子場、ゼロポイントフィールド、アカシックレコード、そして仏教哲学における「阿頼耶識（あらやしき）」**について、それぞれの視点を比較しながら、その共通点を探求していきます。わたしたちの現実は、単なる物質の集合体ではなく、限りなく広大なエネルギーのネットワーク（集合意識）の中で形作られているという考え方が浮かび上がります。

・量子場（Quantum Field）

量子場は、量子力学の観点から、物質やエネルギーが存在する基盤を指す概念です。

量子場理論によれば、すべての物質とエネルギーは、量子場という広がりを通じて相互作用しているとされます。物質や粒子は、量子場における揺らぎから生じるものであり、すべての存在はこの場と深く結びついており、この場から生み出されています。

この量子場は、物理的な宇宙のすべてのエネルギー的な基盤であり、物質が「粒子」として現れる前に存在するエネルギーの場として存在しています。量子力学では、この場におけるエネルギーの振動や波動が物理現象を引き起こすとされ、これが現実の創造の根底にあるものとして考えられています。

・ゼロポイントフィールド（Zero-Point Field）

ゼロポイントフィールドは、量子物理学の概念であり、絶対的な温度である絶対零度においてもエネルギーが存在し続ける場を指します。これは、宇宙全体に存在するエネルギーの海のようなもので、すべての物質やエネルギーがゼロポイントフィールドを通じて相互に結びつき、影響を与え合っています。ゼロポイントフィールドでは、粒子が常に揺れ動き、エネルギーの波動が連続的に存在する状態が維持されています。

量子場やゼロポイントフィールドの考え方は、スピリチュアルの領域で語られる**「普遍的なエネルギー」**や**「宇宙意識」**と驚くほど一致します。物質的な現象の裏には、見えない振動や波動があるという考え方は、科学とスピリチュアルの間の橋渡しを可能にします。

・アカシックレコード（Akashic Records）

アカシックレコードは、スピリチュアル的な観点から、**宇宙のすべての出来事、思考、感情、行動、歴史的事象が記録されている「記録の場」**や**「知識のライブラリ」**、**「宇宙的な図書館」**として知られています。この概念は、サンスクリット語の「アカシャ」に由来し、「空間」や「エーテル的なエネルギー」を指します。アカシックレコードは、過去、現在、未来の出来事がすべて記録されており、アクセスすることでこれらの知識や情報を得ることができるとされています。

・阿頼耶識（あらやしき）

仏教における「阿頼耶識（アラヤヴィジュニャーナ）」は、「アラヤ識」とも呼ばれ、**わたしたちの無意識的な深層にある「ストックされた知識」**や**「記憶」を指す概念**です。これは、**個人の意識を超えた、集合的な精神的「貯蔵庫」**とも言えるもので、カルマや過**去の経験、潜在意識に存在するすべての情報を含んでいます。**

阿頼耶識は、仏教の教えの中で「根本的な無意識の層」として扱われ、個人が意識的に認識していないが、行動や思考に影響を与えるすべての情報がこの層に存在するとされています。この概念は、量子場やアカシックレコードのように、「すべてを知っている」または「保存されている場」という点で共通していると言えるでしょう。

そして、量子場がエネルギーの基盤であるように、アカシックレコードや阿頼耶識も情報や経験の基盤として機能しています。それぞれの概念は、目に見えない領域における広大で神秘的なつながりを示唆しています。

4つの概念の共通点

量子場、ゼロポイントフィールド、アカシックレコード、阿頼耶識のそれぞれは、「存在の根源」や「普遍的なエネルギー」を語っています。それぞれの視点は異なるものの、これらの概念は深いレベルで同じことを言っています。たとえば、量子場の振動が現実を形成するように、阿頼耶識も心の働きによって現象を生み出すという点で共通しています。

これらの考え方は、**物理学的にも哲学的にも心理学的にも、宇宙が一つの巨大なエネルギーの場であることを示しているのです。そして、わたしたちの存在はこの場と深くつながっており、そこから生命や意識が生じていると言えるでしょう。**

いずれの概念も、現実を構成するエネルギーの源や情報を表現するものですが、それぞれの文化や哲学において、その焦点や表現が異なるため、厳密には違いがあります。言うなれば異なる言語で「存在の根源」や「宇宙のエネルギー的基盤」を説明しているに過ぎません。しかし、根本的な理解としては、いずれも「すべてがつながる場」として共通するテーマを持っていると言えるでしょう。

集合意識には階層がある

わたしたちが生きるこの世界には、「意識の階層（レベル）」という概念があります。この階層は、スピリチュアルな思想や心理学、哲学、さらには量子力学の視点でも見られます。この「意識の階層」とは、個々の意識が統合（融合）されて形成される集合意識が、どのように広がり、深まりを持つかを示すものです。そして、この集合意識がさらに進化することで、わたしたちが直面する対立や問題を乗り越えることができ、より調和的な社会や世界を創り出すことに繋がります。

スピリチュアルな思想では、集合意識は「個」から「全体」へと拡大発展していく性質を持ちます。この拡大の過程で、いくつかの階層が存在し、それぞれが異なる特徴と目的を持っています。以下に、意識の階層を具体例とともに紹介します。

・個人意識

これは最も基本的な意識のレベルであり、自分自身の内面や自我に基づくものです。このレベルでは、わたしたちは主に自己の欲求や感情、思考に焦点を当てています。たとえば、「わたしは成功したい」「わたしの意見を尊重してほしい」といったような、個人的な欲求や目標が中心です。自己探求やセルフケアもこのレベルに含まれますが、同時にエゴに支配されやすい面もあります。

・家族・仲間意識（グループ意識）

次に広がるのが、家族や親しい仲間との共有意識です。このレベルでは、血縁や親密な人間関係を通じて価値観や感情を共有します。たとえば、家族の幸せを願ったり、友人と共に目標を追求したりする行動が挙げられます。また、文化や伝統、地域社会の慣習などもこの意識レベルに影響を与えます。

・民族・国家意識

さらに広がると、特定の民族や国家に属する意識が形成されます。このレベルでは、歴史や社会的背景、政治体制が意識に強い影響を与えます。たとえば、オリンピックで自国を応援する気持ちや、国の政策に賛同したり反対したりする行動が、この階層に関連します。この意識は多くの場合、誇りや団結感を生み出しますが、他民族や他国への偏見や対立の原因となることもあります。

・地球意識

さらに進化すると、わたしたちは地球全体の意識に目覚めます。このレベルでは、地球環境の保全や気候変動への対策、絶滅の動植物の保護、人類全体の幸福を追求するようになります。たとえば、環境保護活動に参加したり、戦争のない平和な世界を願ったりする行動が地球意識の表れです。この段階では、個別の国や文化を超えた視点が求められます。

・宇宙意識

最も高次の意識レベルが、宇宙意識です。このレベルでは、全存在を包み込む究極の意識が体験され、ハイヤーセルフと繋がります。わたしたちの魂に国籍はなく、あらゆる星々で何度も転生を繰り返してきたのです。スピリチュアルな観点では、宇宙意識はアカシックレコードやゼロポイントフィールド、仏教でいう阿頼耶識とも関連しています。ここでは、個や全体という区別が消え、すべてが一つであるというワンネスの境地に達します。たとえば、瞑想や深い精神的体験を通じて、「わたしと宇宙は一つである」という感覚を得ることが宇宙意識の表れです。そして、すべての出来事には善も悪もなく、すべてが自己のエゴ（下位の階層）によって生み出されたものであることに気づきます。そうすると、「すべてはこれで良い」「必要であり、必然的に起きていること」「失敗も争いも悲しみも、すべてにありがとう」といった、究極の愛と許しの境地に至るのです。

現代社会では、さまざまな対立が見られます。男女の対立、学歴や財産による差異、地域間や国家間の対立、さらには宗教や人種の違いによる争いなど、枚挙にいとまがありません。これらの対立の多くは、低い意識レベル、つまり個人意識やグループ意識などの中で起こるものです。

たとえば、政治的な対立では「自分たちの党が正しい」という主張が、相手の意見を否定する方向に働きがちです。また、環境問題においても、「自分たちの利益を守りたい」という意識が、地球全体の利益を考える地球意識を阻害しています。

しかし、わたしたちは今、意識の進化を通じて対立から融合へと向かう転換期に立っています。**意識の階層が拡大発展するにつれて、わたしたちは自己の枠を超え、他者や全体とのつながりを深く理解するようになります。**たとえば、世界の貧困を失くすような活動をするように、意識の進化は個人と集合の両方に新たな可能性をもたらします。

最終的に、ワンネスの意識が広がり、集合意識へと影響を及ぼすことで、地球全体が一つに統合されます。

この意識の拡大は、古い地球人の価値観を手放し、新しい地球人としての生き方を選択することを求めています。古い地球人は、エゴや分離意識に基づき、自分と他者を区別し、競争や対立を重視していました。一方、新しい地球人は、つながりと調和を重視し、地球全体や宇宙全体との一体感を持って行動します。

これからの時代、わたしたちは集合意識の進化を通じて、より高次の意識レベルに到達することが求められています。意識の進化は一人ひとりの内なる変容から始まります。**そして、その変容が家族や社会、さらには地球全体へと広がり、最終的には宇宙全体という究極のレベルに至るのです。この意識は五感を超え、見えない世界へと広がっていきます。**

仏教においても、意識には階層があるとされています。**仏教の唯識思想**では、**わたしたちの心を八つの識（意識）に分け**、それぞれが異なる働きを持つと考えます。これらの中でも、阿頼耶識は、すべての行動や思考が蓄積される「根本的な意識」とされます。阿頼耶識が集合意識の一部として捉えられる場合、そこに蓄積される情報の影響範囲によって、個人的な無意識から宇宙規模の意識へと広がりを持つ階層構造が暗示されます。

一方、心理学者カール・グスタフ・ユングは、**「集合的無意識」**の概念を提唱しました。彼は、個人を超えた意識のレベルとして、集合的無意識が原型（アーキタイプ）という普遍的なシンボルや行動パターンを含むと考えました。

- **個人無意識**とは、個人の経験や記憶に基づくものです。
- **集合的無意識**とは、全人類が共有する普遍的な無意識であり、この中には、文化や歴史を超越した根源意識が含まれます。集合的無意識は、個人の意識よりもはるかに広く深い領域であり、そのため、高次元に存在するとされています。

最後に、量子力学やゼロポイントフィールドの考え方を適用すると、集合意識の階層はエネルギーや情報の密度として理解されることがあります。

- **ローカルな情報場**とは、個々の意識や身近な環境の影響を受ける小さな情報場です。
- **グローバルな情報場**とは、地球規模でのエネルギーや意識のネットワークです。
- **ユニバーサルな情報場**とは、ゼロポイントフィールドやアカシックレコードに対応し、宇宙全体の情報を包括する場です。

唯物論的な世界観に執着することの危険性

このように考えると、仏教、心理学、スピリチュアルな考え、そして量子力学には**共通する奥深い視点**が存在していることがわかります。それは、いずれの体系においても**「見えない世界」が重要な概念として扱われ、その世界には膨大な「記憶層の海」が広がっているという解釈が可能だということです。**仏教においては、この「見えない世界」を**「空」**や**「無」**と呼び、その背後にある根源的な存在を示しています。スピリチュアルな視点では、個々人の意識や霊的な成長と関わる非物質的な領域がしばしば言及され、そこに普遍的な情報や記憶が蓄積されていると考えられます。一方、**量子力学においても、物質やエネルギーの背後に存在する「量子場」や「真空状態」こそが、この「見えない世界」に対応し、そこには無限の可能性や情報が内在していると示唆されています。**

これらの異なる領域における「見えない世界」とは、物質的な存在や個別の現象を超えて、普遍的で非物質的な実態が存在するという視点に立っています。それは、現象の背後にある深い構造であり、時間や空間を超えてすべてが相互に関連し合う「情報の海」とも言えるでしょう。

このように、「見えない世界」に広がる膨大な記憶層の海は、わたしたちが認識できる物質世界や意識の枠を超えた奥深く壮大な領域であり、そこにはすべての情報、経験、可能性が保存されていると考えることができます。

このような視点に立つことで、わたしたちが生きる三次元世界における唯物論的な価値観や物質的な執着心が、いかに浅薄（せんぱく）であるかを深く理解することができるでしょう。三次元世界では、物質的な所有や外的な成功、地位や名誉といった目に見えるものがしばしば重要視され、それが人生の目的や価値の基準となってしまうことが多いのです。しかし、このような唯物論的な世界観に囚われていると、わたしたちは本質的な存在の探求や、より深い次元の意識の成長を見失ってしまうことがあるのです。

唯物論的な視点では、物質的な世界がすべてであり、わたしたちの精神的な成長や内面的な充実感は、しばしば二の次にされがちです。しかし、スピリチュアルな視点や量子力学的な理解が示唆するように、わたしたちの存在は物質の枠を超えた、もっと広範な次元で成り立っているということを考えると、現実世界の物質的な価値に対する執着心は、むしろ時代遅れであり、限られた視野に基づくものだと言えるでしょう。

このように、**物質的なものへの過度な依存や執着心は、最終的には自己の精神的な成長を制限し、豊かな人生の可能性を狭めてしまうのです。より高次の意識の世界に目を向けることで、物質の枠組みを超えた深い満足感や充実感を得ることができ、より本質的な自己実現が可能となります。**この認識に至ることで、わたしたちの生き方や価値観は大きく変わり、物質的な執着から解放されると同時に、内面的な自由と深い調和を実現する道が開けるのです。

また、時代が物質文明から精神文明へ移行する中で、唯物論に固執していると、これからの時代は生きづらくなっていくのです。

日月神示が示した7回目の立て直し

岡本天明氏の著書『**日月神示**』では、**地球の歴史における最後の「7回目の立て直し」が子の年（2020年）から始まる**とされていました。この「立て直し」とは、人類と地球が抱える課題を根本的に解決し、新しい時代を築くための大きな変革を意味します。しかし、この最後のチャンスを逃してしまうと、次に訪れる「8回目」は、神の力による強制的な天変地異を伴うものであるとされています。この描写は、まるで聖書に記された「ノアの方舟」の物語を連想させるかのようです。

日月神示には、特に注目すべき暗示として**「567をミロク（弥勒）と読む」**部分があります。ここで言及される567（コロナ）は、弥勒の世、すなわち新しい時代の幕開けを知らせる合図と解釈されています。そして、ネズミ年の2020年から始まったのはまさにコロナウイルスパンデミック騒動でした。これは、弥勒の世に通ずる大峠の開始を意味していたと言えるでしょう。この新時代は、日本から始まるとされています。日本という国が、この大きな変化の中心となるのです。

また、「567」を7で割ると「81」という数値が得られます。この81は、日本の国番号を象徴する数字であり、さらに深い意味を持っています。81は、9×9とも表現され、これは369方陣の最大数値にもなります。

「81」を示す数霊（かずたま）は、ヒカリ（光）、ニンゲン（人間）、ミライ（未来）などがあります。

これらの数霊が「81」に結びつくことで、わたしたち人間が本質的に「光」であり、生まれる前も後もその輝きを失わない存在であることを教えてくれます。つまり、わたしたちはこの世において、光としての使命を持ち、それを他者や地球、さらには宇宙全体へと広げていくべき存在なのです。

日月神示が示すこれらの教えは、現代における多くの課題に対するヒントを提供しています。物質的な価値観に偏った社会から、精神的な豊かさを重視する文明への移行を促しているのです。そして、この移行を実現するためには、一人ひとりが自分自身の内なる光を見つめ直し、その光を他者や社会へと広げていく努力が求められています。

わたしたちが内なる光を認識し、それを共有していくとき、地球は新しい時代へと向かうのです。それは、日本から始まり、世界中へ、そして宇宙全体へと広がっていく壮大な変革のプロセスなのです。

般若心経の「色即是空、空即是色」の量子力学的解釈

「色即是空、空即是色」という言葉は、仏教の「般若心経」に由来し、物質的な現象とその無常、そしてその背後にある**空（無）**という概念を示す言葉です。この教えは、**物質と精神、実体と無実体が同時に存在する**ことを説いており、**現象世界の表面上の「実体」を超えて、根本的な「空」に目を向けることを促します。**

量子力学の観点から「色即是空、空即是色」を説明すると、**物質世界の「色」や「形」は、実際には確固たる実体を持たず、エネルギーの振動や量子場の相互作用の結果として現れる「現象」にすぎない**ことを示しています。量子力学的には、物質やエネルギーは波動と粒子の二重性を持ち、観察することによってその性質が決定されます。つまり、**物質的な現象（色や形）とその背後にある空（無）というものは、表裏一体であり、相互に変換可能である**と伝えています。この「無」はエネルギーとも捉えられます。

「現象（物質）は実体をもたない」の仏教的解釈：仏教の教えでは、「色」とは物質的な存在や現象のことを指し、「空」はその背後にある無、つまり変化し続ける本質的な空無（くうむ）を指します。現象（色）は無常であり、最終的には空という無に帰すもの

とされています。物質的な実体は「空」であり、その背後には無限の可能性が広がっているという考えです。空とは、無我や空性（すべてのものは固有の存在を持たず、無常で変化する）という概念であり、無とは、存在しない、または「無」そのものを意味します。つまり、空無とは、物事や存在が本来無常であり、固定的な実体を持たないという観念と言えます。

「現象（物質）は実体をもたない」の量子力学的解釈：量子力学では、物質は粒子として観測されることもあれば、波動として振る舞うこともあります。この「二重性」は、物質的な存在（色）が本質的に不確定で、観測によってその性質が決まるということを意味します。物質的な現象（色）は、実体が確定しているわけではなく、量子場の波動として存在しているとも言えます。これを「無」と見るならば、現象（色）はその背後にある「無」と相互に作用しており、実体が無い（空）状態であるとも言えます。

具体的に一つ例を挙げましょう。

氷は固体として存在する間、形を持っていますが、温度が上がると溶けて水になります。このとき氷としての「形」（色）は消えますが、水そのものが消滅するわけではありません。このように、**物質的な形は一時的なものであり、変化を通じてその背後にある「空」の本質が現れるのです。**

「観察者の認識により現れる現象」の仏教的解釈：「色即是空、空即是色」の教えにおいて、**物質的な世界や現象（色）は実体として固定されることはなく**、見る者の認識によって形を変えます。人間の心が現象を生み出し、その解釈や受け入れ方によって、物質の姿が異なって見えるという点が重要です。**現象の本質は「空」であり**、それを認識する主体が存在して初めて「色」として現れるのです。

「観察者の認識により現れる現象」の量子力学的解釈：量子力学でも、観察が現象に大きな影響を与えることが知られています。量子力学の有名な**「波動関数の収束」**では、物質が観測されるまで確定した位置や状態を持たないとされています。つまり、現実（色）は観察によって「形作られ」るという考え方は、量子力学における実験結果と一致します。このように、現象は観察によって決定され、その背後にある「空」の性質（不確定性）を反映していると言えるでしょう。

ここでも具体的に一つの例を挙げてみましょう。

わたしたちの身体は一見、実体を持つように感じられます。しかし、実際には細胞や分子が絶えず生まれ変わり、一瞬たりとも同じ状態を保つことはありません。このように身体は変化の連続であり、実体は空（本質的に存在しない）と理解できます。つまり現象（身体）は実体が確定しているわけではなく不確定であると言えるでしょう。

「無と有は一体である」の仏教的解釈：仏教では「空」は無のように見えますが、その無こそがすべての可能性を内包していると考えられます。「色即是空、空即是色」の教えは、物質と無が分かちがたく結びついていることを示し、存在するものすべてが相互に依存し合っていることを説いています。物質的なもの「色」は「空」に帰するし、「空」はまた「色」を生み出します。無と有が一体であるという視点です。

「無と有は一体である」の量子力学的解釈：量子力学でも、物質の根底にある「無」や「空」の状態、すなわちエネルギーが波動や場として存在することが基盤です。量子場の状態において、粒子は波として振る舞い、エネルギーの揺らぎによって現れる現象「色」が生まれます。物質的な存在「色」とその背後にあるエネルギー場「空」は、相互に依存し、切り離せない関係にあります。物質とエネルギー、粒子と波動が一体であるという量子力学の理論は、仏教における「色即是空、空即是色」の概念と一致します。

ここでも具体的な例を二つ挙げましょう。

一輪の美しい花があるとします。これは形があり、色があり、香りを持ちます。これは「色」になります。しかしその花は土、水、太陽の光、空気、気温など無数の条件が揃って初めて存在しています。花そのものに独立した実体はなく、それらがなければ存在できません。これは「空」になります。

花という物質「色」が、条件「空」に依存して存在することを示しています。条件が崩れれば、花は枯れ、消えていきます。

次の例は、原子と電子です。

原子の核や電子は物質的な存在として見られます。これは「色」になります。しかし、原子のほとんどは空間であり、電子は確率的な雲のように存在しています。この空間があるからこそ、原子は化学反応や構造を可能にします。これは「空」になります。物質「有」が「空」の中で形を持ち、その形が現象を生み出すプロセスを示しています。

「動的なエネルギー変換」の仏教的解釈：「色即是空、空即是色」という教えは、物質的なものと空の間で絶えず変化し、流動的な関係があることを意味します。物質は固定されたものではなく、常に変化し流動しており、その背後にある「空」もまた、静的な存在ではなく、無限の可能性を持った動的なものと考えられます。

「動的なエネルギー変換」の量子力学的解釈：量子力学でも、エネルギーの状態は絶えず変化し、物質やエネルギーは波動的な特性を持っているため、常に動的な相互作用の中にあります。物質（色）の状態は観測や相互作用により絶えず変化しており、その根底にあるエネルギー場（空）も常に動的で流動的であると言えます。

ここで具体的な例を一つ挙げましょう。

春には花が咲き、夏には木々が茂り、秋には葉が色づき、冬には落葉します。これらの変化は外から見ると固定的なサイクルのようですが、実際には刻一刻と変化しています。これを現象＝「色」と捉えます。これらの変化は気温、湿度、土壌の栄養、太陽の光など、無数の条件が動的に作用し合うことで起こります。「春という色」があれば、それは「空」の条件が動的に組み合わさった結果です。この背後の動的なエネルギー変換を「空」と捉えます。

このように、「色即是空、空即是色」の教えと、量子力学の理論には驚くほど深い共通点が存在します。両者は、物質の背後にあるエネルギーや、現象の無常と不確定性を明確に指摘している点で、非常に類似しています。仏教の「色即是空、空即是色」は、物質的な存在（色）とそれを支える根本的な「空（無）」が分かち難い一体であるという理解を示しており、この考え方は、量子力学が示す物質とエネルギーの関係に似ているのです。

仏教における「色」は、あらゆる物質的存在を指し、そこに本質的な実体がないことを示唆しています。一方、量子力学における「物質」も、原子や粒子のような微細な存在において、常に波動と粒子の二重性を持ち、固定的な「実体」というものは存在しないことが分かっています。物質は、観察者や観察条件によって異なる形を取るため、固定された現象として理解することができないという点で、仏教の教えと共通しています。

また、**両者に共通する重要な概念は、「無常」と「動的変化」**です。仏教では、すべての存在は無常であり、常に変化し続けるという教えが根底にあります。これと同様に、量子力学においても、物質の最小単位である粒子は常に動き、変化し続けているとされています。**観察者が関与することで、現象が顕在化するという量子の不確定性原理も、仏教における「色即是空」の教えと共鳴しています。**すなわち、物質とそれを構成するエネルギーは、一体となって存在し、観察によってその姿を変えるということです。

驚くべきことに、2600年前に仏教が教えていたこの壮大であり神秘的な教えが、現代の量子力学の理論と見事に一致していることが、現代の科学によって徐々に明らかになりつつあります。仏教の「空」の教えが、量子力学における「波動の場」や「エネルギーの場」と同じ概念を指し示していることに気づくとき、わたしたちは**時代を超えて共通する真理に出会う**ことになります。このように、仏教の教えが現代科学の発展とともに再評価され、科学的に証明されつつある現実は、科学と精神世界の橋渡しをし、両者が相補的に作用し合っていることを示唆しています。

素粒子の量子テレポーテーション

次に、量子力学の分野において、非常に興味深い現象として**「量子テレポーテーション」**と呼ばれる現象が観測されています。量子テレポーテーションでは、素粒子自体が物理的に移動するのではなく、その**「量子状態」**が異なる場所へ転送されるという特異なプロセスが行われます。

具体的には、ある素粒子の状態（例：スピン、偏光など）が、**エンタングルメント（量子もつれ）**と呼ばれる特殊な量子現象を介して、別の離れた素粒子に転送されます。この現象は、物理的な物質が移動するわけではないため、「テレポーテーション」というよりは、**情報の転送**という解釈がより適切です。

エンタングルメントとは、二つの粒子が強く結びつき、片方の粒子がどこにあろうとも、極端な話、宇宙の果てにあっても、その量子状態がもう一方の粒子に即座に反映される特性を持つ現象です。この現象により、物質の移動がなくとも、量子情報は瞬時に別の場所に「転送」されるわけです。これはわたしたちの常識ではちょっと考えづらい現象です。

ただし、量子テレポーテーションを実現するためには、量子もつれを利用した上で、現在の技術では、その情報を「読み取る」ために古典的な通信手段、つまり光速の制限を受ける通常の通信が必要となります。したがって、量子状態が遠くに瞬時に反映されることは可能でも、その状態を他の場所で確認するためには依然として物理的な情報伝達が必要です。

量子テレポーテーションは、物質の物理的な移動を伴わず、量子状態を転送するという現象で、量子もつれがその基盤となっています。この現象の研究は、量子コンピュータ、量子通信、安全な暗号技術など、さまざまな応用分野において画期的な進歩をもたらす可能性を秘めています。

興味深い点は、**この現象がまるで五次元意識が三次元の物質世界において表現されているかのようだということ**です。量子力学では、情報や状態そのものは物質的な形を持たず、むしろ「情報の転送」という形で存在しています。量子テレポーテーションや量子もつれを含む現象は、空間や時間を超えて強い関係性を持ち、それゆえ物理的な「情報」の性質は空間や時間の枠組みとは必ずしも一致しません。

このような量子現象を理解すると、新しい地球における**五次元意識の拡張**がどれほど革新的であるかが見えてきます。五次元の意識では、物理的な制約を超えて、**意識そのものが瞬時にテレポートできる能力を持つ**と考えられるわけです。これにより、個々の意識は時空を越えて瞬時に転送され、空間的・時間的な制限に縛られることなく、広範な相互作用や認識が可能になるのです。このような意識の拡張が、新しい地球における新しい地球人の成長と存在のあり方に革命をもたらすとわたしは確信しています。

ブラックホールは存在するが、ホワイトホールが見つからない理由

次に、**「ブラックホール」**は、一般相対性理論で確立された実在する天体であり、重力が強すぎて光すら脱出できない領域を示しています。しかし**「ホワイトホール」**は現時点では理論上の仮説に過ぎず、宇宙で実際に発見されたことはまだありません。

さて、それはなぜでしょうか？

ホワイトホールは、ブラックホールとは逆に物質やエネルギーを「排出する」性質を持つと仮定できますが、その存在を示す観測的な証拠はまだ見つかっていません。ホワイト

ホールは、ブラックホールとは逆に重力が存在しない場所から新しい物質を生み出すと考えられますが、皆さんはそのような世界をイメージすることができるでしょうか？

この世界に新しいものが、別の次元から放出されて生まれるという話は、にわかには信じがたいかもしれません。

また、ブラックホールには**「情報パラドックス」**という問題があり、素粒子がブラックホールに吸い込まれる際にその「情報」が失われるのかどうかが議論されてきました。

量子重力理論や**ホログラフィック原理**（ブラックホールの情報が事象の地平面に保存されるという仮説）により、**「情報は失われず保存される（ユニタリティ）」**とされていますが、その場合、情報は本当にこの三次元世界に存在していると言えるのでしょうか？

そこでわたしは、量子テレポーテーションはブラック＆ホワイトホールにより、転送されているのではないかという仮説を立てています。つまり、ブラック＆ホワイトホールにより、素粒子の情報は宇宙の果てまで転送されているのではないかと考えているわけです。**仮にこの仮説が正しいとすると、「意識」も「情報」の一つであるため、あなたの魂が生み出す「意識」により、ホワイトホールを通して異次元世界から望んだ世界を生み出すことができるということになります。**

これはとても神秘的で、、夢のような世界だと思いませんか？

つまりこれは、地球人の五次元への次元上昇に伴って、望んだ世界が引き寄せられやすくなることを意味します。今後、古い地球人（三次元的地球人）は徐々に消えていき、新しい地球人（五次元的地球人）が生まれ、彼らはいずれ超能力を持つことになるのです。

意識がパラレルワールド（多世界宇宙）を無限に創り出す

量子力学の**「多世界解釈（Many-Worlds Interpretation）」**によれば、観測による結果の違いが次々と分岐し、それぞれの可能性が異なる世界として並存するという考え方が提唱されています。この理論は依然として科学界において議論の余地を残していますが、近年では理論的な支持を多く集め、主流の解釈の一つとなりつつあります。

まだ思考実験の段階であり、現実の実証は検証されていない部分も多いですが、わたしはこの多世界解釈をもとに、一つの大胆な仮説を立てています。それは、**「わたしたちの意識が別のパラレルワールドを無限に創り出す」**というものです。

意識が創るパラレルワールド

わたしたちが「不安」や「恐怖」を感じたとき、その意識が現実として形を取り始めるのと同時に、パラレルワールドにおいては、その反対の「愛」や「喜び」を持つもう一人の自分が誕生すると考えることができます。この仮説は、量子力学の現象である「量子もつれ」や「量子テレポーテーション」によっても説明可能です。量子もつれとは、物理的に離れた粒子が互いに影響を及ぼし合う現象であり、これを意識のレベルに当てはめることで、わたしたちの思考や感情が他の次元に影響を与えている可能性が浮かび上がります。

創造された思考や感情は、どこかのパラレルワールドで瞬時に現実化します。これが示唆するのは、**わたしたちの内面での想像や意識が、新たな宇宙を無限に生み出しているという驚くべき可能性です。**

無限に広がる多世界宇宙と想像力の力

この仮説を受け入れるならば、多世界宇宙（パラレルワールド）はまさに無限に広がり、わたしたち一人ひとりの想像力や意識がその世界の創造に寄与していることになります。**想像するだけで、どこかの世界ではそれが実現するのです。**

ここで重要なのは、わたしたちの想像力が現実を創り出す力を持っているという点です。不安や恐れに支配されれば、それに見合う世界が生まれ、そこに生きることになるでしょう。しかし、愛や喜びに満ちた想像をするならば、調和と幸福に満ちた別の世界が新たに創造され、その世界で生きることになるのです。この視点に立つと、わたしたちの日々の思考や感情がいかに重要かを実感します。もしあなたがこの仮説を否定するなら、それはあなたの世界において存在しない現実となるでしょう。一方、この仮説を肯定するなら、大宇宙のどこかでそれを基盤とした現実が展開され、あなたの引き寄せる力によって現実のものとなるでしょう。

このように、多世界解釈は科学的な視点を超えて、哲学的であり、また非常にロマンティックな世界観をわたしたちに提供してくれます。

結論として、パラレルワールドの可能性は、宇宙とわたしたちの心の深い繋がりを示す一つの手がかりなのです。この壮大な仮説を前に、わたしたちは自分の意識や想像力の力に改めて注目し、それをどのように活用するかを考える必要があります。果てしなく広がる宇宙の中で、わたしたちの存在そのものが新たな可能性を生み出しているとしたら、それこそ神秘と創造の本質そのものではないでしょうか。

第五章　精神の時代は犯罪者が減る

犯罪検挙率が飛躍的に上がり、犯罪のない社会が実現する日

今わたしたちは、ユートピア（楽園社会）へ進むのか、それともディストピア（暗黒社会）へと向かうのか、その分岐点に立っています。まさに運命の瀬戸際にあるのです。

21世紀の技術革新は、わたしたちの社会を根本的に変えつつあります。その中心にあるのは、人工知能、ロボット技術、そして無人化の進展です。これらの技術はすでにわたしたちの日常生活に浸透し始めており、その影響は今後さらに拡大していくと予測されています。特に、人工知能とロボット技術の進化により、社会の構造や人々の生活様式が劇的に変化するでしょう。

人工知能は、複雑な問題を迅速かつ正確に解決する能力を持ち、さまざまな分野で活躍しています。医療、教育、製造業などの分野では、人工知能の導入により効率化や精度向上が実現され、無人化技術の発展により、労働力不足を補う手段としても注目され

ています。さらに、これらの技術の進化は、わたしたちの生活の質を向上させるだけでなく、社会的課題にも対応できる可能性を秘めています。

人工知能と無人化による犯罪抑止

未来の社会における技術革新の中でも、特に注目すべきは**「犯罪の取り締まりと抑止」**に関する技術の進展です。人工知能やロボット技術、無人化の進化により、**犯罪の予測や防止が可能となり、治安の維持が格段に向上する日が来る**とわたしは確信しています。

未来の都市では、高度な人工知能を搭載した監視カメラが街中に設置され、犯罪者の行動を瞬時に解析し、**犯罪が発生する前に警告を発するシステムが実現する**でしょう。

たとえば、監視カメラに搭載された人工知能は、人物の顔認識を行い、過去の犯罪歴や行動パターンを基に不審な人物を特定します。犯罪者を瞬時に割り出し、どこで犯行が行われるのかを予測することが可能となるのです。その後、人工知能は警察の中央管理室に警報を送信し、警察官が現場に向かうまでの間に、犯行が未然に防がれる可能性が高まります。これにより、犯罪検挙率は飛躍的に上昇し、社会はより安全なものへと進化するでしょう。

アメリカや日本の一部地域ではすでに**「予測ポリシング」システム**が試験的に導入されています。たとえば、米国のロサンゼルス警察（LAPD）では、人工知能を活用して過去の犯罪データを分析し、犯罪が発生しやすい時間帯や地域を特定しています。

今後は、より精度の高いアルゴリズムを用いることで、個人の行動パターンから犯罪の可能性を予測できるようになるでしょう。たとえば、特定の地域での異常な人の流れやSNS上の発言を監視して、集団的な犯罪やテロ行為を未然に防ぐことが可能になります。

予測ポリシング（Predictive Policing）とは、警察が犯罪予測技術を利用して、犯罪が発生する可能性が高い場所や時間を予測し、その地域での警備や巡回を強化する戦略のことです。この手法は、過去の犯罪データやアルゴリズムを基に、将来の犯罪の発生場所や時間を予測することが可能になります。

また、中国では、**顔認識技術を搭載した監視カメラネットワーク「天網（てんもう）」**が広範囲で稼働しています。このシステムは、リアルタイムで数百万のカメラ映像を解析し、容疑者の動きを特定・追跡しています。

今後は、監視カメラが行動分析人工知能を搭載し、武器を隠し持つ、不審な場所にとどまるなどの通常の行動から逸脱する動きを瞬時に検出する技術が進化していきます。

特に、過去の犯罪者の行動パターンを基にした異常行動の早期警告システムが犯罪の発生を未然に防ぐ可能性が考えられます。

ドバイでは、**人工知能とカメラを搭載した自律型パトロールロボット**が公共の場で試験運用されています。これらのロボットは人々と対話する能力を持ち、リアルタイムでデータを中央の警察システムに送信しています。

今後は、より進化したパトロールロボットが、犯罪の兆候を早期に察知し、現場で警告を発したり犯罪者を拘束したりする能力を備える可能性があります。たとえば、ショッピングモールや駅など人の多い場所で、人工知能ロボットが不審な動きや荷物を解析して危険を未然に防ぐと言ったことが考えられるでしょう。

シンガポールでは、**犯罪抑止のための空中監視ドローン**が導入されています。これらのドローンは、広範囲を高速で巡回し、不審な行動を監視しています。

今後は、人工知能を搭載したドローンが、暴動や密輸活動などの特定のエリアでの犯罪行為を自動的に検出し、警察に通報することが考えられます。ドローンが音声警告や防犯灯で犯罪者を威嚇することで、実際の犯罪行為を未然に防ぐことも期待されています。

冤罪のない社会へ

現在、犯罪捜査における最大の課題の一つは、冤罪です。人間の判断には限界があり、証拠が不十分な場合や状況証拠が重視されることによって、無実の人が犯罪者として扱われることがあります。しかし、人工知能や高度な監視技術の発展によって、このような誤認逮捕や冤罪が劇的に減少する可能性があります。

人工知能による監視システムは、顔認識だけでなく、行動分析や物理的な動きのパターン解析にも利用されます。この技術は、たとえば「不審な行動」をリアルタイムで検出し、警察に報告するだけでなく、既存の証拠と照らし合わせることで、容疑者の無実を証明するための有力なツールともなり得ます。これにより、誤認逮捕を防ぎ、冤罪のリスクを最小限に抑えることが可能になります。

さらに、無人化技術やロボット技術の導入により、犯罪者が逃走を試みた場合でも、ロボットやドローンが迅速に追跡し、警察が現場に到着する前に犯罪者を制圧することができるようになるでしょう。このように、技術の進化は犯罪の予防だけでなく、冤罪を防ぐための大きな力となり、より公正で透明性の高い社会の実現を可能にします。

人工知能、ロボット技術、無人化の進展によって、社会の犯罪取り締まりは新たな次元へと進化を遂げるでしょう。これにより、わたしたちの社会はより安全で平和なものとなり、犯罪の発生自体を抑制することができるようになります。また、冤罪が減少し、司法制度がより公正で透明なものに変わることによって、社会全体の信頼も深まります。

加えて、これらの技術の進化は、犯罪者に対する迅速な対応と共に、社会全体に警鐘を鳴らす役割を果たすことになるでしょう。犯罪を取り締まるだけでなく、その予防にも力を注ぐことによって、わたしたちはより健全で平和な社会を築くことができるのです。

今後数十年内に、これらの技術革新はさらに加速し、わたしたちが直面する社会問題に対する解決策を提供してくれるでしょう。わたしたちは大きな期待を抱く一方で、自己のコントロールをしっかりと保ち、犯罪に加担しないように努める必要が求められます。

これからの時代における犯罪抑止と心の教育

技術が進化する一方で、倫理的な問題も浮き彫りになります。人工知能による監視やロボットによる制圧など、新しい技術が社会に浸透することで、プライバシーや個人の自由とのバランスをどのように取るかが重要な課題となります。技術革新の利点を享受しながらも、それを適切に運用するための倫理観が求められる時代が来るでしょう。

わたしたちは技術を駆使して犯罪を減らすと同時に、その運用が行き過ぎて個人の自由を侵害しないように、慎重に判断する必要があります。新たな時代の到来に伴い、社会全体で倫理的な議論を深め、技術が人間の幸福を追求する方向で活用されるよう、指針を定めていくことが求められます。

技術の進化は止まることなく、わたしたちの生活を豊かにし、犯罪を取り締まり、社会をより公正にする力を持っています。しかし、その利用には責任が伴い、わたしたち自身がその技術をどのように活用するかが、未来社会の鍵を握っていると言えるでしょう。

しかし、その一方で、犯罪そのものがなくなるわけではありません。罪を犯す背景や動機は依然として根深い問題として残り、わたしたちは新たな時代において**「心の教育」**にますます重要性を見出す必要があります。

今後の社会では、物理的な技術による抑止力と同時に、人々の心を育てる教育が不可欠になるでしょう。犯罪が減少し、取り締まりが強化される中で、ますます精神的な側面に目を向け、心を豊かにする教育が大切になってきます。**心の教育とは、自己制御や倫理観、共感力を育てること**に他なりません。自分の欲望をどうコントロールするか、他者との調和をどう築くかといった基礎的な価値観を育むことが、未来の社会における重要なテーマになるのです。

人はなぜ犯罪に走るのか

犯罪が発生する理由はさまざまですが、その多くは人間の根本的な欲望から来ていると考えられます。たとえば、**物質的な欲求、権力や支配欲、または承認欲求などが、理性を超えて行動を引き起こす原因**となります。人は自分の欲望を抑えきれず、短絡的な思考や瞬間的な感情に流されることがあるのです。これが「**魔が差す**」という現象の本質であり、冷静に考えれば防げたはずの行動が、なぜか後悔を呼び起こすことになります。犯罪に至る思考の中でよく見られるのは、衝動的な行動や、結果を予測する冷静さを欠いた行動です。これは、物理的な監視や罰則が強化されてもなお、心の問題が根本的に解決されていないことを示しています。つまり、犯罪の予防には、外部の監視や取り締まりだけでなく、犯罪を起こす内部の動機や心理を深く理解し、それに対処する教育が必要なのです。犯罪者の多くが、**自己制御能力の欠如や倫理観の不十分さ**から罪を犯すのですから、心の教育によってこの根本的な問題に取り組むことが求められます。

犯罪抑制において、最も重要な役割を果たすのが「**精神教育**」です。人間は、物質的な欲求や一時的な感情に支配されやすい存在ですが、その欲望をコントロールする力を育むことができれば、社会全体の犯罪率は大きく低下するでしょう。精神教育とは、倫理観や自己制御力を育む教育のことであり、わたしたちが社会の中で平和に共存するために不可欠な要素です。

この精神教育の重要性は、今後ますます高まっていくと考えられます。人工知能やロボット技術、無人化などの技術革新により、物理的な犯罪の取り締まりは強化される一方で、人間の心の中にある欲望や感情を制御する力を育む教育がないと、根本的な問題は解決しません。精神教育を受けた人々は、理性を持ち、共感や協力の精神を育み、他者との調和を大切にすることで、犯罪行為に至る前に**自分自身を抑制できる力**を養うことができます。

精神の時代と心の教育の未来

「魔が差す」という言葉は、通常、突発的な衝動や感情に駆られて行動することを指します。これは、理性が働かず、瞬間的な感情に流されて行動してしまう状態です。たとえば、突発的な怒りや欲望に駆られて人を傷つけたり、罪を犯したりすることが該当します。このような行動は、しばしば後悔を伴い、自己嫌悪に陥る原因となります。

「魔が差す」という現象が起こる背後には、普段からの自己制御や感情のコントロールが欠如していることが多いのです。理性で抑えるべき欲望や感情が強くなりすぎると、思いがけない行動を引き起こします。そのため、心の教育を通じて自己制御能力を高め、衝動に振り回されることなく冷静に判断できる力を身につけることが、犯罪の予防において非常に重要となるのです。

現在、わたしたちは**「精神の時代」**に向かっています。物質主義や外面的な成功が重視されてきた時代から、内面的な成長や精神的な充実が求められる時代へと移行しています。この変革の中で、心の教育が果たす役割はますます重要になっていくでしょう。

精神教育のテーマは、自己制御、共感、倫理観、そして心の平穏を保つための技術にまで広がります。人工知能やテクノロジーの進化が人々の行動に直接的な影響を与える一方で、わたしたち自身の内面的な成長を促す教育が、犯罪予防において決定的な役割を果たすことになります。この新しい時代においては、心の教育が単なる道徳的な教訓にとどまらず、社会全体の安全と幸福を支える基盤となるでしょう。

結局のところ、犯罪が減少し、社会がより平和で調和の取れたものになるためには、心の教育を通じて人々が内面的に成熟し、他者とのつながりを大切にすることが不可欠です。それこそが、精神の時代に向かうわたしたちの「道しるべ」となるのです。

第六章　トランプ版グレートリセットと新時代

精神社会への移行と新たなテクノロジーの役割

次に、もう少し短期的な時代の変化に着目していきましょう。

物質的な豊かさを追求してきた20世紀から21世紀初頭、人類は物質社会の恩恵を実感する一方で、その限界にも気付き始めています。大量消費、大量生産の時代は、人々に便利さと繁栄をもたらしましたが、その一方で環境破壊、格差拡大、精神的な空虚感といった課題を生みました。

さて、これからは物質社会から精神社会へと徐々にシフトしていくことが避けられないわけですが、それはどのような背景によるものでしょうか。その理由の一つとして、新しいテクノロジーの進展が挙げられます。この進展が、世界線移行を後押ししているのです。人工知能やブロックチェーン、量子コンピュータ、宇宙開発など、これまでの産業革命を超えるイノベーションは、単なる技術的進化にとどまらず、精神的な豊かさの追求やコミュニティの再構築、さらには社会構造の変化にまで影響を及ぼす可能性を秘めています。

その大きな変化をもたらすきっかけは、トランプ大統領という新たなリーダーの誕生からも見て取ることができるでしょう。

「政府効率化省」はテクノロジー開発を飛躍させる

2025年1月20日、アメリカ合衆国は政治史における新たな節目を迎えることとなりました。次期大統領に就任したドナルド・トランプ氏は、その選挙戦を通じて掲げてきた独自の政策に基づき、従来のアメリカ政治とは一線を画す改革を進めようとしています。その背後には、アメリカ政府の効率化とテクノロジー革新を同時に推進するという、大胆かつ革新的なビジョンと戦略が隠されています。

その象徴的な取り組みが、**「政府効率化省（Department Of Government Efficiency：DOGE）」**の新設です。この省は、行政機能の最適化を目指すと同時に、テクノロジーの進展に大きく寄与するだろうとわたしは見ています。この新たな省のトップには、テクノロジー界の最前線をリードするイーロン・マスク氏と、若きインド系実業家であり共和党の人気候補でもあったヴィヴェク・ラマスワミ氏が任命されました。この二人の人物は、従来の政府運営や官僚主義的な手法とは一線を画し、民間企業のように効率的かつ革新的なアプローチを行政に導入することを目指しています。

トランプ大統領が掲げる「政府効率化省」の設立は、アメリカ政府の運営をより迅速かつ透明にし、行政サービスを民間企業と同様に効率的なものへと変革する可能性を秘めています。これにより、アメリカ国民にとっての行政サービスの質が向上し、無駄な手続きや官僚的な壁が取り払われることで、政府の機能がスムーズに運営されるようになるでしょう。しかし、この改革が現実のものとなるためには、膨大な官僚機構との調整や議会との調整、既得権益の打破に向けた取り組み、さらには国民の理解と支持を得るための過程が不可欠であることも事実です。

とはいえ、この取り組みは単なる既得権益の打破を目指すものではなく、またイーロン・マスク氏の事業優位性を示すための手段ではありません。むしろ、この省の設立は、アメリカ政府内の非効率な事務作業を大幅に削減し、テクノロジーの力を活用して政府の行政機能が加速的に進化するための基盤となることが期待できるとわたしは考えています。また、マスク氏やラマスワミ氏のリーダーシップのもとで、人工知能やロボット技術といった先端テクノロジーの開発をさらに加速させるため、多くの既存の規制が大幅に緩和される可能性があり、それにより技術革新は一層進展するでしょう。

政治とテクノロジーの融合

トランプ大統領は、ＤＯＧＥの設立に際し、「官僚機構を廃止除外し、多くの余計な監督管理、浪費支出を削減し、政府機構を整備し立て直す」と述べました。アメリカ政府の財政赤字は２０２３年時点で１兆６９００億ドルに達しており、収入と支出のバランスは大きく崩れています。

トランプ大統領はこの状況を**「アメリカの衰退を象徴するもの」**と捉え、財政の健全化と政府改革が急務であると訴えています。このような背景から、政府の効率化を目的としたＤＯＧＥの設立は、アメリカ再生の要となると考えられているのです。

イーロン・マスク氏とヴィヴェク・ラマスワミ氏という異色のコンビがＤＯＧＥのトップに選ばれた背景には、政治とテクノロジーの融合という新しい潮流があります。マスク氏のビジョンは、宇宙開発から無人化ロボット、人工知能、バイオサイエンステクノロジーまで広がっており、彼の思想は**「人類を新しい地球へと向かわせる」**ことに重きを置いています。特に、人工知能の導入は、政策決定、行政運営、国民とのコミュニケーションなど、さまざまな分野での活用が期待されるでしょう。

人工知能を活用することで、政策立案のプロセスはこれまで以上に効率的で科学的なものになります。従来、膨大な統計データや市民の声を反映させるには、多くの時間と労力が必要でした。しかし、人工知能のデータ解析能力を活用することで、これらのプロセスを瞬時に実行することが可能になります。

また、行政手続きにも人工知能が大きな影響を与えるでしょう。人工知能を活用した行政の効率化は、国民にとってより便利で迅速なサービスを提供することになります。

人工知能は選挙プロセスの変革にも影響を及ぼす可能性があります。選挙は民主主義の根幹を成すプロセスですが、従来の選挙運営には課題も多く存在しました。人工知能は国民が政治に参加する機会を広げる可能性も秘めています。これにより、従来の「一方通行的な政治」から「双方向的な政治」へと変化することができ、SNSでは既にその兆候は始まっています。そして、それは資本主義・全体主義から精神主義・個人主義への移行を助けることになるのです。

資本主義の歴史とその変遷

ところで、資本主義はどのように発展してきたのでしょうか。

資本主義は、長い歴史を経て発展してきました。その起源を辿ると、16世紀から18世紀の商業資本主義時代に始まり、その後の産業革命や世界大戦を経て、現代に至るまで様々な変化を遂げてきました。

16世紀〜18世紀：商業資本主義の時代

商業資本主義時代は、商人と金融家が主導する経済システムが形成された時代です。この時期、特に新航路の発見と植民地の拡大が重要な役割を果たしました。大航海時代（15〜16世紀）に、コロンブスやヴァスコ・ダ・ガマが新しい航路を発見し、ヨーロッパ諸国はアジア、アフリカ、アメリカ大陸に進出しました。これにより、貿易が活発化し、ヨーロッパ諸国は大量の資源を手に入れることができ、商業資本主義が急速に拡大しました。

この時代には、商人や金融家が中心となり、貿易や金融業が繁栄しました。特に、オランダやイギリスのような海上貿易国が力をつけ、ヨーロッパと世界の経済を結びつけました。**商業資本主義の最も特徴的な側面は、貿易を通じて富を蓄積し、それを再投資して新たな利益を生み出すという循環が確立された点にあります。**また、近代銀行が誕生し、**金融システムが発展しました。**銀行業務の拡大は、資本の蓄積を支え、商業活動を一層活発にしました。

19 世紀：産業資本主義の台頭

19 世紀に入ると、産業革命が勃発し、商業資本主義は産業資本主義へと変遷しました。18 世紀後半から 19 世紀にかけて、蒸気機関や機械工業が発展し、大規模な工場が建設され、効率的な大量生産が可能になりました。この技術革新は、資本主義の基盤をさらに強化し、大規模な産業経済が世界各国に広がるきっかけとなりました。

産業革命によって、資本家と労働者の階級分化が進み、経済の中で新たな対立が生まれました。労働者階級は工場で過酷な労働を強いられ、資本家階級は利益を上げるために労働力を効率的に活用しました。**この時期、カール・マルクスが資本主義を批判し、社会主義を提唱しました。マルクスの思想は、後の共産主義運動に大きな影響を与え、資本主義に対する反発の声を強めることとなりました。**

20 世紀：世界大戦と資本主義の変容

20世紀に入ると、二度の世界大戦を経て資本主義は大きな変化を迎えました。第一次世界大戦後、経済は混乱し、第二次世界大戦後にはアメリカを中心とする資本主義国家が経済復興を果たし、世界的に資本主義体制が強化されました。しかし、資本主義体制はその一方で多くの問題を抱えていました。特に、**1929年の世界恐慌**では、アメリカの株式市場が崩壊し、資本主義の脆弱性が露呈しました。

戦後の復興期には、**新自由主義が台頭し、規制緩和や市場経済の拡大が進みました。**これにより、資本主義はさらにグローバルな展開を見せました。1980年代には、アメリカ合衆国をはじめとする国々で、**新自由主義政策が積極的に採用され、市場主義と個人主義が支配的な経済哲学となりました。この新自由主義の影響を受けて、世界的にグローバル化が進み、資本主義経済は新たなステージに入りました。**

このように、資本主義の歴史を振り返ると、資本主義は資本家や金融業がより発展する一方で、労働者は搾取を強いられ、格差が一層拡大していることが分かります。さらに、その後、自由を求める民主化運動がたびたび起こるという循環を繰り返していることが明らかです。

資本主義と社会主義と共産主義

資本主義と社会主義は、経済の仕組みとして根本的に異なります。

資本主義は、イノベーションや効率性を追求する一方で、富の集中や格差の拡大といった問題に直面しやすいという欠点があります。これに対して社会主義は、平等を追求することで格差の是正を図りますが、過度の政府管理が非効率を生む可能性があるのが課題です。

現代社会において、多くの国は両者の特徴を組み合わせた「混合経済」を採用しています。たとえば、アメリカでは資本主義的な市場経済を基本としながらも、社会保障制度によって貧困層を支援しています。一方、中国は「社会主義市場経済」と称し、政府の強い統制のもとで市場原理を活用しています。

縄文時代は共産主義に近かった

ソ連は「社会主義は共産主義への過渡期」と位置付け、その先にある理想社会を目指しました。しかし、現実には共産主義社会に到達することはありませんでした。その理由は、ソ連の体制に根深く存在した「矛盾」にあります。

ソ連では「共産党」が唯一の支配政党として権力を握り、一党独裁体制を築きました。民主的な選挙や政治的な多様性は認められず、言論の自由も厳しく制限されました。国家が「平等」を掲げながら、国民を厳しく統制し続けるという矛盾がここに存在していたのです。特にスターリンの時代には、この矛盾がさらに強化されました。

スターリンは「個人崇拝」を進め、国家の中枢に権力を集中させました。反対者や疑わしい人物を「粛清（しゅくせい）」し、恐怖政治による支配が行われました。この強権的な統治は、「絶対王政」に似た側面も持っていました。かつての王政が王の絶対的な権力によって成り立っていたように、ソ連では党や指導者が国家そのものを掌握し、絶対的な力を持ち続けたのです。

共産主義が理想とした「平等」とは、経済的・社会的な格差が存在しない社会です。しかし、現実の共産主義国家では、「平等」を維持するために必要とされた「統制」が、結果的に強権的な体制を生み出してしまいました。これは人間社会があまりに複雑であること、そして人々の自由や多様性を抑えなければ「完全な平等」を実現することが困難だからです。皮肉なことに、平等を目指す過程で「不平等な支配構造」が生まれてしまったのです。

一方で、現代社会において注目される「ベーシックインカム」は、資本主義経済の枠組みを維持しながら、経済格差を和らげる手段として提唱されています。ベーシックインカムとは、政府がすべての国民に対して最低限の生活費を無条件で支給する制度で、労働や経済活動の自由を保ちながら、経済的な平等を目指すものです。そのため、社会主義とは本質的に異なります。「平等」という点では共産主義の理念に似ていますが、ベーシックインカムは国家が経済そのものを統制するわけではなく、あくまで個人の自立や自由を尊重する資本主義の延長線上にある制度なのです。

これまで理想的な共産主義は一度も実現していないとされています。しかし、古代の日本、特に**縄文時代**に目を向けると、そこには理想的な「平等」に近い社会が存在していました。縄文時代の社会は、共産主義の理想社会に似た「平等性」を持っていましたが、それは意識的な理論や政治的な体制によるものではなく、自然と共存する中で生まれた結果でした。そこには私有財産の概念が希薄であり、階級も統治も存在しませんでした。人々は「必要な分だけを分け合う暮らし」を自然に実践し、共同体の中で支え合いながら生活していたのです。

現代社会が抱える「経済格差」や「資源の独占」といった問題を考えると、縄文時代の生活様式には、わたしたちが見失ってしまった「分かち合いの精神」や「自然との共生」が息づいていることに気づかされます。**弥勒の世、すなわち新しい時代は、こうした縄文時代の精神性を思い出すことで始まります。現代人が物質的な豊かさに追われる中で失った「精神性の高まり」が、新たな社会の基盤となるのです。**

ベーシックインカムや他の経済政策を通じて現代の「格差」や「不平等」を解消しつつ、縄文時代のような精神性や自然との調和を取り戻すこと。それが、弥勒の世の実現へと繋がるのです。

行き過ぎた資本主義

資本主義は、自由競争と個人の利益追求を原則とする経済システムとして、現代社会のあらゆる側面に深く浸透しています。この制度は、経済成長を促進し、技術革新を支える大きな力となってきました。しかし、その一方で、資本主義が抱える深刻な課題が浮き彫りとなり、それらが社会や地球環境に大きな影響を及ぼしています。**現代のグローバル資本主義が直面している主な問題点として、経済格差の拡大、環境破壊、**および**債務問題**などが浮き彫りとなっています。

経済格差の拡大——富と機会の不均衡

資本主義がもたらす自由競争は、創造性や努力を奨励し、経済のダイナミズムを生み出してきました。しかし、その恩恵は一様に分配されておらず、国内外において格差が拡大しています。

先進国と途上国の格差

グローバル化の進展に伴い、先進国は経済的な優位性をさらに強化する一方、途上国は依然として貧困から抜け出せない状況が続いています。特に、途上国の中央銀行が発行する通貨が不安定であることは、経済成長を阻む要因となっています。この結果、途上国の労働者は生活の糧を求めて先進国へと移住するケースが増加し、移民問題が先進国の社会的不安を引き起こす要因となっています。

また、先進国の多国籍企業は、コスト削減のために途上国の労働力や資源を利用していますが、その利益が現地の経済や福祉に十分還元されていない場合が多いです。この状況は、グローバルな富の不平等をさらに広げる結果を招いています。

たとえば、メキシコからアメリカへの移民が例として挙げられるでしょう。

メキシコを含む中南米諸国の多くの労働者が、先進国であるアメリカへと移住し、より高い賃金を求めて建設業や農業などに従事しています。しかし、アメリカでは移民に対する社会的偏見や、移民の増加による労働市場への影響が問題視されています。

メキシコでは労働力の海外流出（ブレイン・ドレイン）が進み、国内経済の成長が妨げられる結果になり、一方、アメリカでは移民が低賃金で働くことで社会基盤の維持に貢献していますが、移民政策の是非を巡る政治的対立が深刻化しています。

また、アフリカの鉱物資源開発も大きな国際問題です。コンゴ民主共和国はコバルトや金などの鉱物資源が豊富ですが、これらは多国籍企業によって採掘され、利益の多くは企業本国（先進国）に流れています。一方で、現地労働者は低賃金で働き、鉱山周辺の環境破壊や健康被害に苦しんでいます。

現地のインフラや教育、医療への還元が不十分で、持続的な経済成長が阻害されており、先進国の企業が利益を享受する一方、途上国では貧困が深刻化し、経済格差が拡大しています。

これらの具体例は、先進国と途上国の間に存在するさまざまな格差を示しています。グローバル化の進展に伴い、先進国がますます優位性を強化する一方で、途上国は経済や技術、環境など多方面で不利な状況に直面しています。

国内格差の深刻化

先進国においても、富裕層と貧困層の格差は拡大の一途をたどっています。資産運用や投資から得られる富が一部の層に集中する一方で、中間層以下の所得は伸び悩み、社会的な分断が進行しています。このような格差は、社会的安定を損なうだけでなく、長期的な経済成長の足枷ともなりかねません。

よく言われる事例として、上位1%の資産集中というのがあります。

ピケティらが運営する世界不平等研究所が発表した「世界不平等レポート2022」によれば、世界の上位1%の富裕層が持つ総資産は2021年、世界全体の個人資産の37・8%を占めています。さらに、世界の上位0・1%が、世界の19・4%の資産を持っているというのです。対照的に、世界の下位50%が持つ資産をすべて合わせても、世界全体の資産の2%に過ぎないというから驚きです。

言い換えれば、100人に1人の資産家が全世界の富のおよそ4割を持っており、1000人に1人の資産家は全世界の富のおよそ2割を持っているということです。2025年現在では、その格差がさらに拡大しているであろうことは想像に難くありません。

特に、資産運用や株式市場から得られる収益が富裕層に集中しており、中間層以下の所得は実質的に停滞しています。

中間層が住宅や教育、医療の費用負担に苦しむ一方で、富裕層は贅沢な生活を維持し、教育やインフラに多額の投資を行うことが可能です。また、格差の拡大は社会的緊張を生み、労働者層を中心とした不満が政治的なポピュリズムの台頭や、略奪強盗などの治安の悪化を助長しています。

また、アメリカの大学進学費用の負担という問題があります。アメリカでは、トップレベルの大学に進学するには莫大な費用が必要であり、低所得層の子供にとっては大きな障壁となっています。一方で、富裕層は子供の教育に多額を投資し、格差を拡大しています。

教育へのアクセスが制限されることで、低所得層の世代間の貧困が固定化し、高学歴の富裕層が高収入の職を占め、社会的流動性（貧困層から富裕層への移動）が低下しているという現実があります。

国内格差の深刻化は、経済的な問題にとどまらず、社会の安定や政治的対立にも大きな影響を及ぼしています。これを是正するためには、税制の見直しや教育への投資、インフラ整備を含む包括的な政策が必要です。格差問題を放置すれば、長期的な経済成長だけでなく社会全体の幸福度にも悪影響を与える可能性があるでしょう。

環境問題――資本主義と持続可能性の衝突

資本主義経済は効率性と利益の追求を中心に発展してきましたが、その一方で、地球環境に深刻な影響を与えています。この衝突は、自然資源の枯渇、生物多様性の喪失、そして気候変動といった形で表れ、現代社会が直面する最も緊急かつ複雑な課題の一つとなっています。

資本主義の仕組みは、市場原理に基づき、経済成長を優先します。この成長モデルでは、企業は利益を最大化するために、しばしば環境保護よりも短期的な利益を優先します。その結果、森林伐採や化石燃料の過剰な消費、プラスチック廃棄物の増加といった環境問題が引き起こされてきました。

たとえば、アマゾンの熱帯雨林では、農業用地や牧草地の拡大のため、年間で約1万平方キロメートル以上の森林が失われています。これにより、多くの動植物が絶滅の危機にさらされるだけでなく、地球規模での気候変動の加速が懸念されています。

また、鉱物資源の過剰採掘も深刻な問題です。たとえば、リチウムやコバルトの採掘は、電気自動車や再生可能エネルギー技術の需要に応えるために増加していますが、この採掘プロセスは環境に大きな負荷をかけています。採掘現場では土壌や水質汚染が発生し、地元の生態系や住民に深刻な影響を及ぼしています。

産業活動と気候変動——温室効果ガス排出がもたらす危機

産業活動による温室効果ガスの排出増加は、気候変動を加速させ、地球全体の環境に深刻な影響を与えています。二酸化炭素（CO_2）、メタン（CH_4）、一酸化二窒素（N_2O）などの温室効果ガスが大気中に蓄積されることで、地球温暖化が進行し、気候システムが不安定化しています。この結果、極端な気象現象や海面上昇といった問題が深刻化し、人類の生活基盤や自然生態系を脅かしています。

近年、世界各地で観測される極端気象は、温室効果ガス排出の影響を如実に示しています。たとえば、アメリカでは干ばつが農業に壊滅的な打撃を与え、作物の収穫量が大幅に減少しています。同時に、アジア地域では豪雨や洪水が頻発し、住民の生活を直撃しています。これらの現象は、気候変動による災害リスクの増加を浮き彫りにしています。

生物多様性の喪失

産業活動による自然破壊に伴い、生物多様性の減少が加速しています。多様な動植物が絶滅の危機に直面することで、生態系のバランスが崩れ、結果的に人間社会にも影響が及ぶリスクがあります。たとえば、特定の昆虫が絶滅すると、その昆虫に依存する植物や動物が連鎖的に影響を受けることがあります。

ミツバチは植物の受粉に重要な役割を果たしていますが、農薬の使用や生息地の減少により、世界中でミツバチの数が急激に減少しています。この**「ポリネーター（花粉媒**

介者）危機」は、食糧生産に大きな影響を与えると警告されています。ミツバチがいなければ、果物や野菜の生産量が著しく減少し、農業経済や人々の食生活に壊滅的な打撃を与える可能性があります。

債務問題——経済成長の裏に潜むリスク

資本主義経済の特性として、経済成長を推進する手段として借金が積極的に活用されます。企業は設備投資や研究開発のために借り入れを行い、政府はインフラ整備や景気刺激策のために公債を発行します。しかし、過剰な借り入れや投機的な資金運用が進むと、経済は脆弱な基盤に依存することになり、バブルの形成や崩壊を招くリスクが高まります。これにより、金融市場の不安定化や経済全体の混乱が生じ、時には世界的な経済危機に発展することもあります。

具体例として、２００８年のリーマンショックが挙げられます。この金融危機は、アメリカの住宅バブルの崩壊が引き金となり、過剰な借り入れに依存していた金融商品が連鎖的に破綻したことで発生しました。多くの金融機関が巨額の負債を抱えて倒産し、世界中の経済が急速に悪化しました。**この危機により、各国政府は緊急の景気刺激策として膨大な財政出動を行いましたが、それによって国家の債務もさらに増大するという新たな問題が生じました。**

過剰な債務の影響は、国家レベルにとどまりません。個人や企業にも深刻な影響を及ぼします。たとえば、個人が無謀な借金をして住宅や車を購入した結果、金利の上昇や景気悪化に伴い返済不能に陥るケースが増えています。アメリカのサブプライム住宅ローン危機では、多くの人々が住宅を差し押さえられ、社会問題に発展しました。

企業においても、成長を過信した過剰な借り入れが破綻を招く例は少なくありません。たとえば、１９９０年代の日本のバブル経済崩壊後、多くの企業が巨額の債務を抱えて倒産しました。その結果、日本経済は「失われた30年」と呼ばれる長期停滞に陥りました。

新興国から先進国へ広がる債務問題の世界的リスク

近年では、新興国のみならず先進国でも債務問題が深刻化し、世界経済全体のリスク要因として注目されています。新興国では外貨建て債務が急増しており、ドル高や金利上昇の影響で返済負担が重くのしかかっています。一方、先進国においても、政府債務の拡大が経済成長を阻害する要因となりつつあります。

新興国の債務危機は「構造的な課題」

中国の地方政府と企業の債務問題

中国では地方政府と国有企業が巨額の借り入れを行い、大規模なインフラ投資を進めてきました。これにより経済成長を一時的に支えることには成功しましたが、その反面、債務の返済能力に対する懸念が広がっています。たとえば、中国の地方債務残高は公式統計ではＧＤＰの60％を超えたとされていますが、これに含まれない隠れ債務の存在も指摘されています。これらの債務は、不動産市場の低迷や税収の減少に伴い、返済が困難になるリスクが高まっています。

スリランカの債務危機

スリランカでは、インフラ開発に伴う巨額の外貨建て債務が返済不能に陥り、２０２２年に国家がデフォルト（債務不履行）を宣言しました。観光業の低迷やエネルギー価格の高騰が経済に打撃を与えたことに加え、ドル高による返済負担の増加が事態を悪化させました。このケースは、多くの新興国が直面する「債務の罠」を象徴しています。

先進国の債務問題は「隠れた火種」

アメリカの財政赤字が拡大

アメリカでは、2024年時点で連邦政府の債務残高がGDPの120%を超える水準に達しており、過去最大規模の赤字額が積み上がっています。特に、新型コロナウイルスのパンデミック対応やインフラ投資、軍事費増大が債務拡大の主な要因となっています。金利上昇による利払い負担の増加が今後の財政運営に重くのしかかることが懸念されています。

EUの債務統制は限界

欧州連合(EU)では、特にギリシャやイタリアなど南欧諸国の財政問題が再び注目されています。これらの国々では、公的債務がGDPの150%を超える水準にあり、金利上昇が財政危機を再燃させるリスクがあります。たとえば、イタリアでは公共支出の多くが年金や医療費に割かれており、債務削減が困難な状況です。

日本の巨額の国債依存

日本は、先進国の中でも最も高い公的債務を抱えています。2024年時点で債務残高はGDPの260%に達し、特に社会保障費の拡大が財政を圧迫しています。一方で、日本は国内投資家による国債保有率が高いため、急激な市場混乱は起こりにくいとされていますが、少子高齢化の進展に伴う税収減少と公的年金などの支出増加が長期的なリスクとなっています。

トランプ版グレートリセットの幕開け

行き過ぎた資本主義の影響によって、世界は債務問題が深刻化し、解決困難な状況に陥っています。

それもあって、近年では「グレートリセット」という言葉がさまざまな文脈で語られるようになりました。特に、世界経済フォーラム（ＷＥＦ）が提唱する「グレートリセット」は、気候変動への対応や経済構造の再構築、技術革新を活用した持続可能な社会の実現を目的としています。

一方、わたしが「トランプ版グレートリセット」と名付けた一連の政策は、従来の「グレートリセット」構想に対するアンチテーゼとも言えるものです。トランプ大統領のそれはアメリカ第一主義を貫き、国内改革を優先するアプローチです。

トランプ大統領のアプローチは、グローバリズムに対抗し、アメリカ国内の利益を最優先にする「アメリカ第一主義」に基づいています。具体的には、製造業の国内回帰、エネルギー自給率の向上、規制緩和を通じた経済活性化がその特徴です。

トランプ大統領のビジョンは、単なる経済改革にとどまらず、アメリカの官僚制を根本から見直し、政府と国民の関係性を再定義するものです。ＤＯＧＥを通じて行われる政府効率化は、単なる財政再建ではなく、精神社会への移行を後押しするための土台作りとも解釈できます。

トランプ大統領が推進する経済政策には、一見して対立する要素がいくつかありますが、その背後にある目的を考えると、明確な方向性が浮かび上がります。それは、**「ドル通貨の相対的な価値を引き下げる」という現代版通貨安政策です。**

通常、通貨安政策は輸出を促進し、貿易赤字を是正するために行われますが、トランプ政策の場合、**その方法は従来の為替介入や金融緩和ではなく、多岐にわたる経済政策を組み合わせたものです。**

トランプ減税の延期と経済政策の影響

トランプ減税は、２０１７年に施行されたアメリカの経済政策の中でも特に注目を集めた大規模な減税策であり、主に法人税の引き下げを柱としていました。この政策は、企業の利益を増大させ、投資を活性化するとともに、アメリカ経済全体の競争力を高める効果を狙ったものでした。同時に、この減税策はドル需要を一時的に押し上げ、アメリカへの資本流入を促進しました。しかし、この減税措置の延期は、新たな経済的環境に対応するための戦略的な動きとして捉えることができます。

トランプ減税の延期は、企業活動に一時的な「一服感」を与えることで、ドル高を抑制し、輸出競争力を維持する意図があると考えられます。ドルの相対的価値が高まりすぎると、アメリカの輸出品が海外市場で高価格となり、競争力を失う可能性があるためです。このように、減税延期はドル相場への調整策として機能するとともに、国内外の経済バランスを再構築するための重要な一手と言えるでしょう。

関税政策とドル安戦略

トランプ政権はまた、主要貿易相手国に対して高関税を課す政策を積極的に展開しようとしています。この関税政策は、単なる保護貿易主義にとどまらず、ドル高抑制と貿易赤字削減を同時に達成しようとする包括的な経済戦略の一環として実施されます。中国に対しては最大60％もの高関税を課し、カナダやメキシコには25％、その他の諸国には10％の関税を適用すると発表しています。これにより、輸入品の価格を引き上げ、米国内産業を保護するとともに、ドルの価値を相対的に引き下げる効果が期待されます。

特に中国に対する高関税は、米中貿易摩擦の象徴ともなります。この政策は、短期的には国内産業の競争力強化や雇用促進を図りますが、同時に貿易パートナー国との関係悪化や世界経済の不安定化を招くリスクも伴っています。

ＦＲＢの利上げ政策の見直しとドル安誘導

金融政策の分野でも、トランプ政権はドル安を誘導するための重要な施策を展開するでしょう。ＦＲＢ（連邦準備制度理事会）による利下げを促し、低金利政策を奨励する姿勢を明確に打ち出す可能性があります。

利上げは通常、通貨価値を高める方向に働きますが、低金利政策はその逆であり、ドル安を促進します。ドル安になることで、アメリカの輸出産業が恩恵を受け、貿易収支の改善が期待されます。また、低金利は企業や消費者にとって資金調達コストを低減するため、国内経済活動の活性化にも寄与します。

一方で、このような政策はインフレリスクの増大や、経済的な過熱を招く可能性もあるでしょう。特に、他国との金融政策の乖離が進むと、グローバルな資本市場に混乱をもたらす恐れもあります。

トランプ政権の経済政策は、減税、関税、金融政策という多方面にわたる手段を通じて、ドル安誘導と国内産業の保護を実現すると考えられます。しかし、これらの政策は短期的な利益をもたらす一方で、貿易摩擦やグローバル経済の不安定化という副作用を伴います。

「アメリカ・ファースト」は現代版「保護主義政策」

トランプ政策は「アメリカ・ファースト」を旗印に、グローバル経済から一歩距離を置き、国内経済の再構築を目指しています。その特徴的な側面が、保護主義政策の復活です。しかし、19世紀の保護主義と異なり、トランプ政策は現代の経済状況を考慮した戦略を採用しています。

高関税政策は、単に外国からの輸入品を抑制するだけでなく、国内製造業の復活を促進します。特に、中国に対する60%という高関税は、サプライチェーンの再構築を目的としています。これにより、米国内に工場を戻す「**リショアリング**」が進み、雇用の創出が期待されています。

環境政策への逆行とも言える化石燃料推進は、エネルギー自給率の向上を目指すと同時に、エネルギー価格の安定を狙ったものです。国内エネルギー産業の保護は、エネルギー輸入への依存度を低下させ、アメリカ経済の独立性を高める効果があります。

暗号資産の戦略的活用と隠れた意図

近年、トランプ大統領の経済政策における注目点として、ビットコインやその他の暗号資産へのアプローチが急速に浮上しています。トランプ大統領はその独自の経済政策で、暗号資産の活用を戦略的に位置付けており、その一環としてビットコインを米国政府の資産として保有し、さらなる投資拡大を進める姿勢を明確に示しています。このような政策は、従来の経済的枠組みや通貨政策に対する新しい視点を提供しており、特に「デジタルゴールド」としてのビットコインの価値が再評価される中で、ますます重要な意味を持っています。

トランプ政策とビットコイン

トランプ政権の特徴的な経済政策の一つは、低金利政策や低税率の推進を通じて経済の成長を促すことでした。その一方で、インフレの兆しが見られる中で、ビットコインが「デジタルゴールド」としてインフレヘッジ手段として注目されるようになっています。ビットコインは金と同じように、貨幣価値が中央銀行の政策に左右されないため、金融市場におけるリスク管理ツールとしての役割が強調されてきました。

トランプ大統領は、**アメリカを「暗号資産の首都」にすると強調**し、ビットコインを米国の戦略的準備資産として保有する意向を示しています。これにより、ビットコインは単なる投資対象ではなく、国家の金融戦略の一部としても位置付けられることになります。さらに、アメリカ政府が保有するビットコインの一部は、過去に闇サイト『シルクロード』から押収されたものであり、これを恒久的な国家資産として保持する方針が打ち出されました。

アメリカ政府が保有するビットコインは、今後ますます重要な役割を果たす可能性があります。特に、米ドルの価値が低下し、世界的なインフレ圧力が高まる中で、ビットコインというデジタル資産は安定した資産価値を提供する手段として機能する可能性があります。トランプ大統領が提案したように、政府がこれらのデジタル資産を長期的に保有することにより、米国は国際的な通貨価値の変動に左右されることなく、経済的安定を確保できるかもしれません。

さらに、米国のビットコイン保有は、その国際的な影響力を強化するための重要な手段となります。米国政府がビットコインを保有し続けることを宣言すれば、他国の中央銀行や投資家もその動向を注視し、ビットコインに対する信頼感を高めることが期待されます。これにより、**米ドルの価値低下があっても、米国の資産は大きな損失を避けることができる可能性があります。**

ビットコインに対する需要は、米国だけでなく、世界中で高まっています。特に、新興国ではインフレや通貨の不安定さから、ビットコインが代替通貨としての役割を果たしつつあります。たとえば、南米やアフリカ諸国では、急激なインフレや通貨価値の暴落に対処するため、ビットコインが安定的な価値を持つ資産として急速に受け入れられています。

アメリカ国内でも、ビットコインの保有者は約4000万人に達しており、暗号資産に対する関心が急増しています。トランプ大統領の政策により、さらに多くの米国民がビットコインを資産の一部として取り入れるようになる可能性があり、これがアメリカ経済全体の金融的安定に寄与することが期待されます。

シンシア・ルミス上院議員は、米国政府が戦略的準備資産としてビットコインを100万枚購入することを提案する法案を提出しました。この法案は、現時点でのビットコインの市場価格で約900億ドル（約14兆円）に相当する規模であり、実現すれば米国の暗号資産政策にとって画期的な転換点となります。

しかし、この法案の通過には多くの政治的な障壁があります。特に、議会は「トリプルレッド」を達成したものの、共和党の中でも意見の対立があるため、法案の通過が簡単ではないことは明白です。しかし、ビットコインに対する関心が高まる中で、今後数年以内にこのような法案が実現する可能性も十分に考えられます。

日本においても、ビットコインをはじめとする暗号資産への関心が高まっています。現在、日本では暗号資産による利益は雑所得として課税されるため、株式投資とは異なる高い税率が適用されており、税制の見直しが求められています。特に、ビットコインを保有する企業や個人が増える中で、税制改革は急務となっているのです。

また、アメリカでのビットコインＥＴＦ（上場投資信託）の導入を受けて、日本でもその導入が期待されていますが、税制の整備や法整備の遅れが課題となっています。

このように、トランプ大統領がビットコインを「アメリカの戦略的準備資産」として保有する方針を打ち出したことは、米国経済や世界経済における新たな時代の幕開けを象徴しています。**ビットコインは単なる投資対象ではなく、国家の経済戦略や金融政策の中で重要な役割を果たす存在へと変化しています。**このような動きは、他国にも大きな影響を与え、世界的な金融システムにおける変革を引き起こす可能性があります。

今後の展開として、米国がビットコインを戦略的資産として保有し続けることにより、ドルの価値低下にもかかわらず、その資産価値は大きな影響を受けないという新たな経済モデルが確立される可能性は十分あり得ます。**ビットコインのようなデジタル資産が、伝統的な金融システムに挑戦し、世界経済に新しい可能性を提供する時代が到来しているのです。**

中央銀行デジタル通貨（ＣＢＤＣ）創設への反対の意図

トランプ政策では、**中央銀行デジタル通貨（ＣＢＤＣ）**について明確に否定的な立場を取っています。

中央銀行デジタル通貨は、国家の中央銀行が発行するデジタル通貨であり、既存の通貨システムに革新をもたらす可能性があります。特に、ＣＢＤＣが国際的に導入されることで、各国の通貨や金融システムがより密接に連携するようになる可能性がありま す。これは、通貨交換の効率性が向上し、送金のスピードやコストが削減され、さらには国際取引が円滑になるといった利点をもたらします。

一方で、ＣＢＤＣが国際的に普及することは、金融システムに新たなリスクももたらすことになります。特に、金融危機が発生した場合、各国のＣＢＤＣが相互に密接に結びついていると、危機が瞬時に広がり、相互に影響を及ぼす可能性があります。

たとえば、ある国で金融危機が発生し、ＣＢＤＣを利用した資本の流出が起きた場合、それが他国のＣＢＤＣシステムにも波及し、他の国の金融システムにも深刻な影響を与えることが考えられます。これにより、国際的な金融危機が連鎖的に発生し、全世界の経済に悪影響を及ぼすリスクが高まります。

ＣＢＤＣは中央銀行が発行するデジタル形式の通貨で、金融システムに透明性と効率性をもたらす可能性がありますが、政府による監視が強化されるという懸念も伴います。また、既存の通貨、主に米ドルの価値が仮に大きく棄損した場合、その連鎖は瞬時に全世界に及んでしまい、アメリカを中心に相当大きな金融危機に発展してしまうリスクをはらんでいるでしょう。

ビットコインやイーサリアムなどの暗号資産が、米ドル金融危機などの伝統的な金融システムの危機から受ける影響は、他の法定通貨とは異なる側面を持っています。これらの暗号資産は、ブロックチェーン技術に基づいて運営されており、分散型ネットワーク上で取引が行われるため、中央集権的な金融機関や国家の影響を受けにくいという特徴があります。これにより、伝統的な金融システムの問題が直接的に暗号資産に影響を及ぼす可能性は低いと言えます。

たとえば、米ドルが基軸通貨として広く使用されている中で米ドルの金融危機が起きた場合、その影響は世界中の金融機関、企業、さらには政府にまで波及し、金融システム全

体に大きな混乱を引き起こす可能性があります。しかし、ビットコインやイーサリアムなどの暗号資産は、これらの危機に直接依存しないため、基本的には影響を受けにくいと考えられます。ブロックチェーン技術自体は分散型であり、中央集権的な管理者がいないため、特定の国や通貨に依存しません。

とはいえ、暗号資産にも独自のリスクがあります。たとえば、暗号資産の価値は、主に市場の需給バランスに依存しており、投資家心理や市場の不安定さに大きく影響を受けることがあります。そのため、米ドルの金融危機などが引き金となり、グローバルな経済不安が広がると、暗号資産の価格も下落する可能性があります。また、暗号資産自体がまだ比較的新しい市場であり、規制の不確実性や技術的な脆弱性、さらには詐欺やハッキングのリスクが存在するため、その価値や運用が安定しているわけではありません。

さらに、暗号資産は特定の法定通貨（たとえば米ドルやユーロ）との交換を前提とする場合が多いため、**米ドルが金融危機に陥ると、暗号資産と法定通貨との交換レートが不安定になることも考えられます。**そのため、暗号資産は完全に影響を受けないわけではなく、むしろ「法定通貨の安定性の影響を受けにくい資産」としての性質を持ちながらも、依然として投資家や市場の動向に敏感であることは念頭に置くべきです。

結論として、ビットコインやイーサリアムなどの暗号資産は、中央銀行や政府の影響を受けにくいため、米ドルの金融危機などの影響を直接的に受けることは少ないですが、暗号資産市場も依然として多くの不確実性やリスクを抱えているため、その影響が全くないわけではないことを理解してください。

いずれ米ドルの地位は相対的に低下する

近年、世界の経済環境において重要な変化が見られる中、米ドルの国際的な地位が相対的に低下する可能性が現実味を帯びてきました。特に、ロシア、中国、インドなどを中心とした**ブリックス（BRICS）諸国**は、独自の新通貨の導入を発表しました。この新通貨は、金などの貴金属や資源に連動する特性を持ち、インフレや通貨の棄損（価値の減少）に対して強い耐性を示すとされています。これにより、伝統的な通貨に依存しない形で国際取引が進むことが期待され、ブリックス諸国の通貨はますますその影響力を拡大していくことでしょう。

さらに、ブリックス諸国の拡大傾向は続いており、現在すでに数カ国が追加で加盟を果たしており、今後もその規模は拡大する見込みです。これにより、**いずれ世界の半数以上の国々がこの新たな経済圏に加盟し、その通貨を使用することになると予測されます。従来の国際決済の主軸を担っていた米ドルに代わる決済手段として、ブリックス通貨**

が採用される頻度は増すと考えられます。このような動きは、米ドルの地位を相対的に低下させることを意味しており、米ドル依存から脱却しようとする動きが加速していくでしょう。

こうした国際的な潮流を背景に、トランプ大統領はその重要性を深く認識していると考えられます。トランプ大統領が提案する戦略的備蓄の一環として、ビットコインや他の暗号資産への投資が進められているのはそういう理由もあるはずです。これらの暗号資産は、中央集権的な通貨に依存せず、分散型のデジタル資産として新たな価値を提供するものとして、米ドル依存の低減に寄与する可能性があります。

さらに、トランプ大統領が中央銀行デジタル通貨の導入を拒否していることも、**米国が米ドル離れの方向に舵を切っていることを示唆しています。**中央銀行デジタル通貨は、政府や中央銀行が直接発行・管理するデジタル通貨であり、経済政策の一環として重要な役割を果たす可能性がありますが、トランプ大統領の姿勢からは、米ドルが持つ現在の支配的な地位を維持するために、あえてその導入を拒んでいると見て取れます。この拒否姿勢は、米ドルの信任や価値が今後急激に揺らぐ可能性があることを暗示しており、米国経済の先行きに対する慎重な姿勢が反映されているのでしょう。

実際、これらの動きは、「**米ドル金融ショック**」**の到来**を予兆しているのではないかという見方をわたしはしています。米ドルに依存する世界経済の仕組みが揺らぎ、急激な変動を引き起こすリスクは否定できません。このようなリスクに備えた戦略的な変革が進行中であるとすれば、それは単なる経済政策の変更にとどまらず、より広範な**グローバル経済の「再構築」**を意味するのかもしれません。これをわたしは**「トランプ版グレートリセット」**と呼んでおり、**今後数年のうちに、米ドルを中心とする国際金融システムが再編成される可能性があるのではないかと考えています。言い換えれば、膨大に膨れ上がった債務をリセットするためには、意図的または不可避的に「米ドルショック」を引き起こすしか方法が残されていないのではないかとさえ思うのです。**

トランプ大統領が進める高関税政策は、明確に保護主義的な意図を持っており、その影響は米国の産業構造に大きな変化をもたらす可能性があります。各国に対する高関税が導入されることにより、報復措置が引き起こされることも懸念されますが、トランプ大統領の真の狙いは、あくまで自国の産業を国内に回帰させることにあると考えられます。このような保護主義的な政策は、アメリカの製造業を再生し、雇用を創出する手段として位置付けられています。

たとえば、北米自由貿易協定（ＮＡＦＴＡ）は、アメリカ、メキシコ、カナダ間で無関税での貿易を可能にし、広範な経済的つながりを形成しました。しかし、トランプ大統領はこの協定を再交渉し、場合によっては関税を25％に引き上げる可能性を示唆しました。この動きは、特に賃金の安い地域に進出している自動車関連企業などの製造業にとっては、大きなインパクトを与えることになります。関税の引き上げにより、海外に生産拠点を置く企業は、米国に工場を回帰させざるを得なくなるでしょう。これにより、アメリカ国内での雇用が創出され、経済成長を促すことが期待されます。

さらに、トランプ大統領が進める保護主義的な政策は、単なる経済的な策略にとどまらず、国際的な金融危機が発生した場合に備えるための布石とも言えるでしょう。世界経済が不安定な状況に直面した際、自国の産業基盤をどれだけ強固に維持できるかが重要な要素となります。 そのため、国内の製造業を再構築し、サプライチェーンの自立を高めることは、将来のリスク管理において極めて重要な意味を持つと言えます。これにより、米国は経済的な自立性を確保し、外部の影響を受けにくい体制を整えることができると考えられます。

このような保護主義の進展は、短期的には貿易摩擦や国際的な反発を招くことは避けられませんが、長期的には、アメリカ国内の産業復活を目指す戦略として、確固たる意義を持つものとなるでしょう。

トランプ版グレートリセットがもたらす未来

「トランプ版グレートリセット」は、まだ始まったばかりであり、その準備が着々と進められようとしていると感じているのは、わたしだけでしょうか。アメリカ合衆国の建国日である1776年7月4日は、概ね産業革命と重なり、産業資本主義の時代の幕開けを意味しています。この時期、アメリカは新たな経済・政治の中心としての地位を築き、その後、世界に大きな影響を及ぼす超大国へと成長しました。

過去の覇権国には、だいたい150年から250年という周期で変遷があるわけですが、アメリカ合衆国もその周期の終わりに差し掛かっていると言えるでしょう。これまでの覇権国の特徴には、安定した基軸通貨、圧倒的な軍事力、世界最大の経済力、そして共通言語としての影響力が挙げられます。しかし、アメリカの覇権が永遠に続くことはなく、今後の世界ではその力の集中が緩やかに、多極的な方向へとシフトしていくと予想できます。

多極化した新しい世界秩序は、単一の国が支配するものではなく、複数の国や地域が互いに影響を与え合い、共存・共栄する形に進化していくでしょう。これは、経済や政治の分野だけでなく、文化や社会的な価値観にも広がり、各国間の対立を減少させ、調和と共生の社会を促す結果となるでしょう。

さらに、この動きは、精神的な成長や進化と密接に関連しているとも考えられます。物質的な繁栄だけでなく、精神的な豊かさが重視される時代に突入していることを意味しており、これからの時代は単なる物質的な競争ではなく、人間の内面の成長や調和が重要な要素となるでしょう。これこそが、いわゆる「精神世界」における進化の一環であり、現実世界と精神世界が交錯し、新たな価値観を生み出す時代の到来を示唆しています。
トランプ大統領が推進する「グレートリセット」は、単なる経済や政治の再編成にとどまらず、世界全体の価値観や社会構造に変革をもたらす可能性を秘めています。それは、過去の覇権国の周期が示すように、歴史の中で常に新しい力が台頭し、時代が進化していく必然的な流れの一部であると言えるでしょう。

第四の資本主義

アメリカがいずれ米ドルの地位低下と共に覇権国を降りたとしても、資本主義そのものが終わることはないでしょう。むしろ、資本主義は新たな形態へと進化し、第四の資本主義が始まると考えています。過去の資本主義は、時代ごとの政治的・経済的状況に応じて形を変えてきましたが、今後はその枠組みが根本的に変化し、東洋を中心にした資本主義へと移行していくと予測されます。

この変革は、単なる経済の枠を超え、精神世界の幕開けとも密接に関連しているでしょう。人類の意識が変化し、物質主義から精神性へとシフトしていく中で、資本主義もまたその進化を遂げることになります。**これまでの「お金中心主義」に代わり、「感謝中心主義」の資本主義が形成される時代が来るのです。**この新しい資本主義では、富の追求ではなく、個人やコミュニティの感謝の気持ち、そして人々の相互支援が経済活動の中心に据えられるようになるでしょう。

そしてこの変革において、日本は重要な役割を果たすことになると考えています。日本は、長い歴史の中で、経済だけでなく文化や精神面においても独自の価値観を育んできました。特に、物質的な豊かさと精神的な充足を調和させる哲学が根付いており、この新しい資本主義の先導者となる可能性が高いのです。感謝の心や共生の精神は、まさに日本文化の根底に流れるものであり、その価値観を世界に広める役割を担うことが期待されます。

第四の資本主義は、物質的な豊かさのみならず、人間の内面的な成長と調和を追求するものとなり、地球規模での持続可能な発展を可能にするでしょう。これにより、従来の資本主義の限界を超え、よりバランスの取れた社会が形成されることをわたしは期待しています。

第七章　ノアの方舟と弥勒の方舟

ノアの方舟物語の背景

「ノアの方舟」物語とは、一体どういったものだったでしょうか。

聖書によると**「人々が地上に増え、悪の行いが多くなり、人の心の思いが常に悪に傾いていた」時代**です（創世記6章5節）。このような堕落した状態に神は悲しみ、人類を一度リセットするために大洪水を計画したとされています。ただし、ノアは「正しい人」であり、神の目にかなう存在として選ばれ、方舟を建てるよう命じられました。

ノアの方舟の物語は、堕落した人間の行いに満ちた時代から始まります。「創世記」によれば、地上の人々は暴力と罪に染まり、神の目にはすべてが悪と映りました。この状況を憂いた神は、人類とその文明を一掃し、新しい始まりを用意する決意をします。

しかし、神はすべてを滅ぼすわけではありませんでした。神に従順で「義（ぎ）なる人」とされたノアとその家族だけは救われることになります。ノアは神との信仰の絆を強く持ち、悪と暴力の中で清廉さを保つ特異な存在でした。神はノアに使命を与え、人類と地上の生命を再生させる計画を示しました。

神はノアにこう告げました。「わたしは地上に大洪水を起こし、すべての生命を滅ぼす。しかし、あなたとその家族、そしてすべての動物のつがい（繁殖のために一緒にいるペア）を救うために、方舟を建造せよ」方舟の設計は詳細に指示されました。

ノアはその指示に従い、家族と共に数十年かけて方舟を建造しました。この間、周囲の人々はノアを嘲笑（ちょうしょう）し、その行動を理解しようとはしませんでした。それでもノアは神の言葉を信じ続け、使命を全うしました。

方舟が完成すると、神は地上のすべての動物のつがいをノアの元に送りました。清い動物は7組ずつ、不浄な動物は1組ずつが方舟に収容されました。ノアとその家族が方舟に入り扉が閉じられると、40日間と40夜にわたり激しい雨が降り続けました。洪水は地上を覆い、すべての生命が滅びました。その間、方舟は波に揺られながら安全に守られ、神の計画が着実に進んでいることを示していました。

雨が止んだ後も、地上は水で覆われ続けました。しかし、１５０日が過ぎると水は徐々に引き、方舟はアララト山にとどまりました。ノアはまずカラスを放ち、水が引いたかを確かめます。その後、ハトを放ち、最終的にオリーブの葉を咥（くわ）えて戻ってきたことで、地上が再び住める状態になったことを確認しました。

方舟を降りたノアは、最初に神への感謝を表す祭壇を築き、捧げ物を供えました。これを受け、**神は「二度と地上を洪水で滅ぼさない」**と約束し、そのしるしとして空に虹をかけました。この虹は、神と人類との新たな契約を象徴するものでした。

弥勒の方舟とは何か

「人間の行動や心の中が常に悪に傾いていた」という表現は、現代社会にも通じるものがあるのではないでしょうか。

現代は物質的な豊かさに恵まれています。技術の進化や経済の成長により、わたしたちはかつてないほどの利便性を手に入れました。しかし、その一方で、戦争、環境破壊、不平等、犯罪、そして他者への無関心など、道徳的に疑問を感じる出来事が目立つ場面があります。これらはある意味で似ているかもしれません。

また、現代は物質的には豊かですが、多くの人が「心の豊かさ」を求めています。精神的な空虚感や孤独、コミュニティの分断が広がっていることは、ある意味でノアの時代に見られる「堕落」の現代的な形といえるかもしれません。

これらの状況は、ノアの時代に見られた「堕落」と同様に、**人類が自己中心的なエゴに囚われていることの結果**と言えるでしょう。

ここで考えたいのは、ノアの方舟が物理的な危機に対する救済の象徴であったのに対し、現代社会において必要なのは何かという点です。それが「弥勒の方舟」という新しい概念です。

では、現在版ノアの方舟である「弥勒の方舟」とは、一体どういったものでしょうか？

これから起こるであろう大峠とそれを乗り越える弥勒の方舟とは、物質的な救済を象徴するものではありません。ノアの方舟が洪水という物理的な危機に対処した物語であるのに対し、**弥勒の方舟は、精神的な進化と波動の調和を目指す新しい地球への道を示します。それは、人類の意識変革と社会的なパラダイムシフトが求められる時代の到来を象徴しているのです。**

弥勒菩薩の教えに基づく調和の時代、「弥勒の世」に向けた道を指し示します。ノアの方舟が洪水という外的危機を乗り越えるためのものであったのに対し、「弥勒の世」に向かうための大峠は内面的な危機、すなわち精神の混乱や社会的な分断を乗り越えるための出来事が起こると言えるでしょう。

弥勒の方舟は、調和、エゴのコントロール、自利利他一如（自己の利益と他者の利益を一致させる理念）、そして自然環境の保護という「弥勒の世」の波動に調整できる人々だけが、新しい地球での未来を築くことができるという考え方に基づいています。これは、**人工知能が超人工知能に到達するまでに人類が達成しなければならない重要な精神的進化を意味します。**

弥勒の世とは、究極の調和が実現された社会です。この調和は、個人が自らのエゴをコントロールし、他者と共存する能力を身につけることで達成されます。エゴは、自己中心的な欲望や比較主義の根源です。弥勒の世では、こうしたエゴが昇華され、すべての人が内なる平安を保ちながら、他者の幸福を自分の幸福と同一視する社会が実現されます。

「自利利他一如」という言葉は、自己の利益と他者の利益が分離していないという考え方を表します。この理念は、他者の幸福を追求することで自己の幸福も得られるという循環的な価値観を基盤としています。弥勒の世では、この理念が個人と社会の行動原則となります。

弥勒の世では、人類が自然環境と調和した形で生活を営むことが求められます。自然資源を支配し消費するのではなく、地球の生命網の一部として共存する意識を持つことが重要です。持続可能性と調和は、弥勒の世を象徴する核心的な価値と言えるでしょう。

先進国と貧困国の格差は歴史上かつてないレベルへ

こうした金融変動の影響を最も強く受けるのは、すでに貧困に苦しむ人々です。現在、**1日1．25ドル（日本円で約187円）以下で生活する極貧層は世界で約14億人いると言われ、そのうちの8億人以上が飢えに苦しんでいます。**国際的な食料価格の上昇により、この数字はさらに悪化し、9億人を超えたという報告もあります。さらに、**1日1400人のお母さんたちが出産時に命を落とし、3秒に1人の子供が予防可能または治療可能な病気で亡くなっています。**一方で、9億人が飢餓に苦しむ中、10億人近くが肥満に苦しむという社会の格差は、歴史上かつてないレベルに達しています。

世界の貧困問題を解決するために、先進国が国際的に取り組むべき課題として、以下の4つが挙げられます。

・**援助の増額**：いわゆるODA（政府開発援助）を増やすことです。現在の援助額は、途上国の実情に対してあまりにも不十分です。

・**貿易ルールの公正化**：現在の貿易ルールは、先進国に有利な形で設計されています。この構造を変え、公平な貿易関係を築く必要があります。

・**地球環境破壊の対策**：先進国の産業発展がもたらした地球環境の破壊は、貧困層に多大な影響を与えています。

・債務問題の改善：先進国が貧しい国々に貸し付けた膨大な債務が、これらの国々の成長を妨げています。債務返済の条件を緩和するか、抜本的な解決策を講じる必要があります。**たとえば、金利のない世界が実現すれば、後進国の貧困は大きく改善するでしょう。**

債務問題がもたらす現実と構造調整の負の影響

途上国の多くは、債務返済のために国家予算の40％以上を充てており、教育や医療といった基本的なサービスに割く予算が10％以下という状況に陥っています。たとえば、フィリピンでは、債務返済の割合が国家予算の半分近くを占めており、教育や医療保険に十分な資金を充てられない状態が続いています。

また、日本を含む先進国が行うＯＤＡのうち約50％は貸付であり、金利が上昇すれば返済の負担がさらに増大します。実際、１９８５年に行われた「We Are the World」のチャリティー活動では、２８０億円の募金が集まりましたが、その額は債務返済のわずか４日分に相当したと言われています。このように、援助の効果が薄れる背景には、先進国が債務返済を優先している現実があります。

債務返済を強いる**「構造調整政策」**は、途上国に深刻な影響を及ぼしています。たとえば、タンザニアでは教育熱心なニエレレ大統領の下、小学校の就学率が１９７０年代後半には100％に達していました。しかし、債務の返済に伴い、教育費を削減せざるを得なくなり、小学校が有料化されました。その結果、就学率は一気に70％に低下し、識字率も大幅に落ち込む事態となりました。同様に、病院の有料化や医療サービスの削減も進み、基本的な社会インフラが脆弱化しています。

さらに、政府からの補助金が打ち切られることで、生活必需品の価格が高騰しています。1996年のヨルダンではパンの価格が2.5倍に、1991年のペルーでは一晩でガソリン価格が31倍、パンの価格が12倍に跳ね上がりました。こうした状況は、ベネズエラなど多くの国で暴動やデモを引き起こし、社会不安を助長しています。

弥勒の方舟に乗るための条件とは

比較主義と資本主義の限界

現代社会では、他者との比較による自己価値の評価が一般的です。この比較主義は、競争を促進し、優劣の意識を生み出します。結果として、人間関係の分断や精神的な不安定を引き起こします。弥勒の世では、この比較主義が克服され、個々の存在が独自の価値を持つことが認識されます。

資本主義は、お金を中心とした社会構造を生み出しました。この構造は、富の偏在と支配依存関係を助長し、社会的不平等を拡大しています。弥勒の方舟の考え方では、資本主義の根本的な変革が必要とされています。お金が支配の道具ではなく、調和と利他を促進する手段として再定義されるべきです。

物質的救済から精神的救済へ

ノアの方舟が洪水という物理的な危機に対処した物語であるのに対し、弥勒の方舟は精神的な救済を目指しています。これは、物質的な豊かさや安全だけでは、地球上のすべての人類が真の幸福を実現できないという理解に基づいています。精神的救済とは、内面の平和、他者との共感、自然との調和によって達成されるものです。

弥勒の方舟は、物質主義的な価値観から精神的な価値観への転換を促します。たとえば、**成功の定義が「他者よりも多くを所有すること」から「より多くの人に感謝され、より多くの人を幸せにすること」へと変わります。**この新しい価値観が普及することで、人類は新しい地球における持続可能な社会を築くことができます。

波動とは、わたしたちが発するエネルギーや意識の状態を指します。科学的な見地から見れば、すべての物質や生命は振動しており、その振動数がその存在の性質を決定しています。精神的な観点からは、波動はわたしたちの意識の高さや内面的な状態を表すものです。

弥勒の方舟に乗るためには、自分自身の波動を調整し、弥勒の世の波動と共鳴する必要があります。弥勒の世とは、調和、利他、共感を基盤とした社会のことであり、その実現には個々人が意識を変革することが不可欠です。

まず重要なのは、自己の内面を見つめ直すことです。わたしたちの多くは日常生活の中でエゴや利己的な欲望に振り回されがちです。エゴは、他者との比較や自己中心的な欲望の源泉となり、内なる調和を乱します。**これを乗り越えるためには、自分の感情や行動を冷静に観察し、エゴの働きを理解することが必要です。**

現代社会は、競争を基盤とする価値観に支配されています。成功や幸福は他者との比較によって測られることが多く、その結果、多くの人が精神的に疲弊しています。しかし、**弥勒の世では、競争や対立ではなく、愛、受容、そして許しが求められます。**

現代の人類は自然を支配し、利用することを当然と考える傾向があります。しかし、その結果として環境破壊や気候変動といった深刻な問題が生じています。弥勒の方舟に乗るためには、自然との共存を意識し、地球との調和を取り戻すことが不可欠です。

一方で、現代社会において、人工知能の進化は急速に進んでいます。特に、超人工知能の登場は、**技術的特異点（シンギュラリティ）**を引き起こし、人類の在り方に根本的な変革をもたらすでしょう。しかし、**この進化が人類にとって有益な形で機能するためには、人工知能と共存できる精神的成熟が不可欠です。**弥勒の波動に調整できない人類は、超人工知能による変革に適応できず、混乱や崩壊を招く可能性があります。

　超人工知能は物質的な問題を解決するための強力なツールとなり得ますが、その恩恵を享受するには、人類が精神的に進化し、利己的な行動を超越する必要があります。弥勒の方舟とは、人工知能技術の進化を精神性の向上によって補完し、持続可能な未来を築くための**精神的乗り物**とも言えるでしょう。

　そして、**このような意識変革には期限があるのです。**それは、人工知能が超人工知能を達成する時点（２０３０年から２０５０年）です。**人類がこのタイミングまでに弥勒の波動に近づくことができなければ、技術進化が引き起こす変革に適応できず、結果的に弥勒の世に残れない可能性が高まるのです。**

第八章　日本最高神「天照大御神」からのメッセージ

日本人の道徳心が示す弥勒の可能性

日本は古来より調和を重んじる社会でした。その象徴的な例が、６０４年に聖徳太子（厩戸皇子：うまやどのおうじ）によって制定された**「十七条憲法」**です。この憲法の第１条には、**「和を以て貴しと為す」**とあり、調和を最も尊い価値とする考え方が示されています。これは、官僚や国民が争わずに力を合わせるべきという精神的な指針であり、日本文化の基盤を築きました。

また、江戸時代の町人道徳や武士道も、調和や連帯感を大切にする文化を発展させました。五人組制度や商人道徳などは、地域社会や商業の中で相互扶助と信頼を育む仕組みでした。

日本人の調和の精神は、自然崇拝とも深く結びついています。神道では、山や川、木々といった自然そのものが神聖な存在とされ、人々はそれを敬って生活してきました。

この意識は現代にも引き継がれ、環境保護活動やエコ意識の高さに表れています。

日本人の道徳心は、長い歴史と文化の中で培われてきた特性です。その根底には、他者を思いやり、調和を重んじる精神が宿っています。この道徳心が示す未来への可能性を、弥勒菩薩が象徴する平和と共存の理想に結びつけて考えることは、現代社会に新たな視点を提供するでしょう。

高い道徳心の現れ

日本人の道徳心は、日常生活のあらゆる場面に反映されています。これは単なる文化的な特徴にとどまらず、他者との調和を重視する価値観の深い表現です。

公共の場での礼儀正しさ

日本の公共交通機関では、驚くほど静かな空間が保たれています。携帯電話での会話が控えられ、他人の迷惑にならないよう配慮する行動は、日常的な道徳心の象徴といえます。また、時間を厳守する習慣も、日本人の「他者の時間を尊重する」という意識の表れです。

行列を守る文化

日本では、繁忙期のテーマパークやイベント会場などで、長蛇の列でも混乱なく順番を守る姿が一般的です。この「行列を守る」文化は、日本人が個人の利益よりも全体の秩序を優先する価値観を持っていることを示しています。

災害時の冷静な対応

東日本大震災（２０１１年）で被災者が見せた冷静さと譲り合いの精神は、世界中で称賛されました。困難な状況でも他者を思いやる姿勢は、日本人の道徳心の深さを示しています。

ゴミを出さない習慣

日本では、街中にゴミ箱が少ないにもかかわらず、道路や公園が清潔に保たれています。さらに、イベント後に参加者が自主的に清掃を行う姿は、日本独自の「自己責任」と「公共への貢献」の文化を映し出しています。

贈答文化と感謝の心

日本には、お中元やお歳暮といった贈答文化が深く根付いています。これらの習慣は、単なる形式的な行為ではなく、相手への感謝や配慮を示すものです。また、日常生活でも「ありがとう」や「すみません」といった言葉が頻繁に使われ、相互尊重の精神が表れています。

歴史が培った日本人の美徳

日本人の道徳心は、悠久の歴史を背景に、幾多の文化的・思想的な要素を吸収しながら形成されてきました。その中には、調和を重んじる精神、誠実さや自己犠牲といった高潔な価値観が深く根付いています。これらの美徳は、日本社会の文化的基盤を支える重要な要素であり、現代社会にも色濃く影響を与えています。

日本の国家体制を整備した聖徳太子は、「十七条憲法」において調和の精神を重視しました。この憲法の第一条に記された「和を以て貴しとなす」という言葉は、個人間の争いや対立を避け、社会全体の調和を目指す日本人の価値観を象徴するものです。この理念は、単なる古代の教訓にとどまらず、現代社会でも協力や共生を大切にする指針として受け継がれています。

武士道と忠誠心――誠実さと節制の美徳

日本の中世から近世にかけて発展した武士道は、誠実、節制、自己犠牲、忠誠といった高い倫理観を基盤としています。この価値観は、武士階級のみにとどまらず、庶民にも影響を及ぼしました。「義理と人情」という言葉に象徴されるように、他者に対する思いやりや約束を守ることの大切さは、現代日本の人間関係にも色濃く反映されています。特に、忠誠心は家族や組織、さらには国家への献身として現代にも生き続けています。

戦後教育における道徳教育――思いやりと協調の育成

第二次世界大戦後、日本の教育制度は平和主義を基盤に再構築され、道徳教育がその重要な柱の一つとなりました。「道徳の時間」として学校教育に組み込まれたこの授業では、個人の自由を尊重しながらも、他者との協調や思いやりの心を育てることが目指されました。この教育方針により、戦後の日本社会は安定と発展を遂げることができました。また、道徳教育は単なる倫理観の植え付けにとどまらず、多様化する社会において相手の立場を理解し尊重する力を養う役割も果たしています。

日本の美徳が現代に与える示唆

日本人の道徳心は、歴史の積み重ねによって培われた貴重な遺産です。この道徳的価値観は、グローバル化が進む現代社会においても、日本人が持つ特有の強みとして際立っています。他者との調和や思いやりを重んじる姿勢は、国際社会における協力関係の構築にも役立つでしょう。今、世界中から日本文化を学ぶために訪れる旅行客が増えていることは、和の精神が世界に広がっていく前兆であるとも言えるのです。

弥勒の世は日本が世界の中心となる

人工知能が超人工知能に到達する未来では、物質的な繁栄だけでは人間の存在意義が問われます。日本人の調和の精神や高い道徳心が、この時代に新しい役割を果たすことになるでしょう。

日本人の道徳心と調和の精神は、弥勒の方舟に乗るにふさわしい人々を多く育んでいます。災害時の冷静さや他者への思いやり、環境保護意識など、日本人の行動や態度はすでに弥勒の世を先取りする要素を含んでいます。今後は、これらの価値観を世界へと広げ、多様性を受け入れる新しい道徳観を構築することが求められます。それにより、地球全体が調和に満ちた社会へと進化することができるでしょう。

幸い、日本人の精神性や歴史的背景は、弥勒の方舟に乗る可能性を大いに高めています。聖徳太子の思想や武士道の美徳、そして現代に受け継がれる道徳教育は、未来の世界で重要な指針となるでしょう。個人の精神的な向上を目指し、調和の波動を広げることで、日本は弥勒の世の実現において中心的な役割を果たすことになるでしょう。


日本は単なる地理的な国にとどまらず、霊的に非常に特別な場所であり、地球の波動を整えるアンテナとしての役割を果たしています。地上界と天界を繋ぐ霊的エネルギーのポータルとして、世界中の神々や高次の存在たちが集まり、絶え間なくエネルギーの交流が行われています。また、自然界の精霊から大いなる神々まで、多くの霊的存在にとって重要な拠点であり、人類の魂の進化を支えるための「聖地」とも言えるでしょう。

現在、わたしたちは時代の大きな過渡期に立っています。物質的な繁栄や技術的な進化が進んだ一方で、地球規模での環境破壊や社会の分断、精神的な空虚感といった問題が深刻化しています。こうした状況において、霊的な次元からのサポートが求められ、今まさに日本には多くの神々が集結しているのです。これらの神々は、わたしたちがこの過渡期を乗り越え、次の次元へのステップを踏み出すためのエネルギーを与えてくださっています。

伊勢神宮参拝と天照大御神の導き

このような時期に、わたしの元に特別なメッセージが降りてきました。それは、冥王星がみずがめ座に入るという天体の大きな変化の時期に、わたしのハイヤーセルフからの啓示でした。ハイヤーセルフとは、わたしたちの内なる最高の存在、すなわち本来の自己や魂の真の意図を反映した存在です。このメッセージは、まさに、今わたしがしなければならない重要な使命を示していました。そのメッセージとは、「天照大御神に会いに行きなさい」というものでした。

天照大御神は、日本の最高神であり、太陽の神として日本全体を照らし、守護している存在です。天照大御神のエネルギーは、愛と調和、そして光そのものであり、現代においてこそ最も必要とされているものです。わたしがこのメッセージを受け取った瞬間、これはただの偶然ではなく、必然的な導きであると確信しました。すぐにわたしは、この霊的な使命を実現するため、２０２４年11月16～17日で行うリトリートツアーを企画し、天照大御神のエネルギー降ろしの儀式を行うことにしました。

天照大御神のエネルギーと「弥勒の世」

２０２４年11月16日、わたしが伊勢神宮に足を踏み入れた瞬間、強烈なエネルギーを感じました。それはまさに天照大御神の存在そのものであり、神聖な力がわたしの身体を包み込むように感じられました。天照大御神は、太陽の神であり、日本の守護神として広く知られていますが、そのエネルギーは目に見えるものではなく、魂で感じ取るべき深いものです。わたしが感じたのは、そのエネルギーの純粋さと深さであり、まさに愛と調和、光そのものでした。

当日の天気は小雨模様で、霧が立ち込めていました。このような天候は、特に伊勢神宮のような神聖な場所において、非常に意味深いものです。**日本の古来の伝統において、雨は神の恵みとして捉えられてきました。雨は単なる自然現象にとどまらず、神々が降らせる祝福であり、また浄化の象徴でもあります。**浄化の力を持つ雨は、わたしたちの身体や精神に溜まった不純物や邪気を洗い流し、新しいエネルギーを受け入れる準備を整えてくれます。

この小雨の中、天を仰ぎ、伊勢神宮の神聖な雰囲気に身を委ねました。神域に足を踏み入れることで、自然と心が静まり、周囲の気が浄化されていくのを感じました。雨のひとしずくが地面に落ちるたび、その音さえも神聖に響き、周囲の空気が清らかになっていくようでした。その瞬間、わたしは天照大御神の存在を深く感じることができました。そして、その見えない光がわたしの全身を包み込み、愛と調和のエネルギーがわたしたちの中に満ちていったのです。

天照大御神のエネルギーは、言葉では表現しきれないほど強力でありながら、同時に優しさを備えています。その光は、わたしたちの心の中に内在する見えない強大な力を引き出し、周囲に影響を与える力を授けてくださいました。そして、天照大御神からの啓示が降りてきました。それは、**「愛と調和、そして光に満ちた『弥勒の世』を世に公開してください。本の出版や動画の配信、講演会を通じて、調和の世界を継続的に表現していってください。そのために必要なサポートはわたしたちが全力で行います。現在の地球人は恐れや対立、怒り、無関心、自分本位な自己中心性が広がっています。どうか、愛と光でこの世界を満たしてください。」**というものでした。この言葉は、わたしの心の深いところに強く響き渡り、まるで天からの命令を受けたかのように感じました。その瞬間、わたしの中に何かが目覚め、深い感謝とともに、ただひたすらその使命を果たさなければならないという思いが湧き上がってきました。帰宅後、わたしはその啓示に導かれるまま、すぐにパソコンを開き、この本の執筆を始めました。

天照大御神が語った「弥勒の世」とは、単なる未来の理想的な時代を指すものではありません。それは、**わたしたちが今、この瞬間から意識を変えることによって創り出せる新しい世界のビジョンです。**弥勒の世は、愛と調和が支配する世界であり、争いや分断が存在しない、すべての存在が愛し合い、支え合う社会を象徴しています。これは一人一人が心の中に光を灯し、その光を他者と分かち合いながら共に生きる社会です。このビジョンは、決して遠い未来の話ではなく、わたしたちが今この瞬間から実現できるものです。

弥勒の世を作り出すためには、まずわたしたち一人一人が自己の内面を見つめ、愛と調和のエネルギーを育む必要があります。それは、他者を理解し、共感し、受け入れる力を養うことから始まります。現代社会では、競争や対立が支配的ですが、弥勒の世ではそれらが無意味であることを理解し、協力と共生の精神を育んでいくことが求められます。わたしたちの中に存在する愛と光を見つけ、周りの人々とその光を分かち合うことが、弥勒の世を実現するための第一歩です。

女性性の目覚めと新しい時代の到来

天照大御神のエネルギーは、特に「女性性」の目覚めを強く促しています。しかし、ここで言う女性性は、決して性別に限定されたものではありません。現代社会において、男性も女性も、そして社会全体が女性的なエネルギーを目覚めさせるべき時期に来ているということです。

女性的なエネルギーとは、受容、癒し、共感、柔軟性、そして包容力を意味します。これは、男性的な競争や支配のエネルギーとは対照的な、調和を生む力です。天照大御神は、まさにこの女性的なエネルギーを象徴しており、わたしたちにそれを目覚めさせることを求めているのです。社会が長らく競争や支配を基盤に成り立ってきた中で、今こそわたしたちは、柔軟性や包容力を持ち、相互理解と協力の精神を育んでいかなければならない時期に来ているのです。

現在、わたしたちが直面している地球規模の課題は、環境問題や社会の分断、そして精神的な空虚感です。これらの問題に対して、天照大御神が象徴する「光」や「調和」のエネルギーこそが、解決の鍵となるのです。わたしたちは、自然との調和を深め、他者との共存を大切にする生き方をすることで、新しい未来を切り開くことができるのです。

たとえば、世界の貧困問題についても、わたしたちは共に同じ地球人として平等に生きる方法を見つけなければなりません。国内には経済格差が存在しますが、それ以上に各国間の経済格差は大きな課題となっています。天照大御神のエネルギーは、地球全体を包み込む愛と調和の力であり、その光をわたしたちの行動に反映させることが求められています。

「国生みの神話」と「鳴門の渦潮」と「らせんの神秘性」

日本神話の「天地開闢（てんちかいびゃく）」は、宇宙の誕生と人間の役割を示す壮大な物語です。**天之御中主（あめのみなかぬし）をはじめとする造化三神は、静的な存在として秩序の基礎を築きました。**そして、**伊邪那岐命（いざなぎのみこと）と伊邪那美命（いざなみのみこと）が国生みの役割を担い、日本列島を形作った**のです。

この神話は単なる創世記ではなく、自然界と宇宙の仕組みを象徴する奥深い物語と言えるでしょう。特に「天沼矛（あまのぬぼこ）」で海をかき混ぜてオノゴロ島を創る場面は、生命とエネルギーの循環を示唆しています。

「らせん（螺旋）の法則」に着目すると、鳴門の渦潮が神話的な創造の動きと深く結びついていることが明らかになります。この渦巻きの動きは、宇宙の根本原理である**「循環」と「創造」を象徴するもの**として、非常に重要な役割を果たしているのです。

鳴門の渦潮は、その規模の大きさから世界的にも知られていますが、この自然現象には単なる物理的な力の働き以上の意味が込められていると考えられます。それは、伊邪那岐命と伊邪那美命が残した、この世における重要なエネルギーポータルとしての役割です。

鳴門の渦潮を引き起こす要因としては、周囲の島々の配置や潮流、海底の深さなどが複雑に絡み合っていますが、それらの物理的な条件を作り上げたのは、まさに伊邪那岐命と伊邪那美命そのものです。この二柱の神々は、天地創造の最初の動きと深く関連しており、**世界最大級の鳴門の渦潮を現在にも残し、そのエネルギーによって地上界と天界を繋ぐ霊的エネルギーのポータルとして機能させたのです。**

つまり、鳴門の渦潮は、日本の地形と潮流が織りなす自然の芸術ですが、そのダイナミックな動きは、単なる自然現象では片づけられません。この渦は、日本神話の「天沼矛」とリンクし、物質世界の創造とエネルギーの集中を象徴しているのです。

現代科学の視点からも、「らせん」は普遍的な形状として認識されています。**DNAの二重らせん、銀河の渦巻き構造、原子と電子の動き、量子スピンのらせん運動**など、らせんは生命と宇宙の根源を示しています。鳴門の渦潮を観察すると、わたしたちは宇宙規模の秩序と神秘に触れることができるのです。

鳴門の渦潮は単なる自然現象にとどまらず、まるでホワイトホールのように、異次元から目に見えない世界へとエネルギーを送り出し、新たな現実を創造する力を秘めているのです。このエネルギーポータルを通じて、わたしたちは肉眼では捉えきれない深い領域へとアクセスすることができるのです。それは、現実世界と非物質的な次元との境界を超え、未知の可能性へと繋がっていく可能性を示しています。

このように、鳴門の渦潮は単なる自然現象を超え、古代の神々が与えた宇宙の循環と創造の法則を体現する壮大なエネルギーの流れとして、わたしたちに重要なメッセージを伝えています。それは、宇宙の本質的な秩序と、わたしたちの意識の進化と発展を促すものなのです。

現代社会では、縦社会の崩壊が顕著になっています。これまでの「親方日の丸」的な価値観に代わり、個々が独立して生きる道を模索する時代へと移行しています。この流れは、日本神話が示す「個々の力の尊重」と共鳴しています。

伊勢神宮や大神神社などの聖地を訪れることで、わたしたちはこうした変化が、単なる時代の流れではなく、宇宙的な覚醒の一部であることを理解できます。個々が縛られることなく生きる社会、それこそが弥勒の世の基盤です。

弥勒の世は、未来のどこかで突然やってくるものではありません。それはわたしたち一人ひとりが日々の選択によって築き上げるものです。愛と調和の意識を持ち、宇宙の叡智を信頼し、内なる力を目覚めさせることで、弥勒の世の到来は現実のものとなります。

第九章　日本発祥の第四の資本主義

さて、話を資本主義経済に戻しましょう。

数年後にあるであろう大規模な混乱を経た後、世界経済は次のフェーズへと進む兆しを見せるでしょう。その未来の鍵を握るのが、日本が発祥となる**「第四の資本主義」**です。

この新しい経済モデルは、従来の金融資本主義の枠組みを大きく超えるものであり、さまざまな社会的・経済的変革をもたらすことになるでしょう。

この章では、具体的にその未来の資本主義を考察していきます。

金利の概念がなくなる

たとえば、金利という概念がなくなる未来もあり得ると考えています。これまでの経済システムの根幹を揺るがす大胆なアイデアですが、十分に考えられるのではないでしょうか。

従来、**金利は「お金の時間的価値」**を表し、資金を貸し付けた者への報酬であり、借りた者に対するコストとして機能していました。しかし、この仕組みは同時に、負債の返済負担を加速させ、力の差を生み、富裕層と貧困層の格差を拡大させる要因を伴っていました。金利が存在しない新しい経済モデルが採用されれば、こうした格差拡大の要因を取り除き、経済全体のバランスが改善される可能性があります。

金利がなくなれば、借り手は利息の支払いに苦しむ必要がなくなり、元本の返済だけで済むようになります。これにより、資金を効率的に活用して資産を築くことが可能となり、個人や企業の経済的安定性が向上します。一方で、金融機関は利息収入がなくなるため、銀行業務の構造そのものが大きく変容するでしょう。それは、銀行業界の大きな縮小も意味するでしょう。

そして、金利の消滅は、政府の財政システムにも大きな影響を与えます。現在、政府の予算編成では**「プライマリーバランス」**という指標が用いられています。これは、**「利子を除いた政府の歳出と歳入の差」**を表しますが、金利が完全になくなれば、**この概念自体が不要**になります。その結果、財政健全性を測る指標は、単純な財政収支（歳入と歳出の差）に統一されるでしょう。これにより、財政政策がより透明かつシンプルになる可能性があります。

また、金利が存在しない経済モデルでは、人工知能やデジタル技術が大きな役割を果たすことが予想されます。**人工知能による需給バランスの最適化が瞬時に進む**ことで、インフレやデフレといった経済問題が合理的かつ適切に管理されるようになり、各国の経済成長も安定するでしょう。また、成長に伴う税収増に応じて、政府の財政出動も合理的かつ透明に行われる時代が訪れるとわたしは考えています。

金利の概念がなくなる世界では、財政出動の種類や規模がより明確化され、資源の最適配分が可能となります。たとえば、人工知能による分析に基づき、社会の必要性に応じた支出が効率的に行われるようになり、**無駄のない財政運営が実現する**でしょう。このような新しい経済システムは、より公平で持続可能な社会の形成に寄与すると期待できるでしょう。

金利の消滅が現実のものとなる場合、それは単なる金融の変革にとどまらず、経済や財政、社会全体の在り方を大きく変える出来事となるでしょう。新しい経済モデルは、利息という制約から解放され、**資金の循環がより効率的に行われる世界**を実現します。このような未来は、技術革新や意識の変化と共に、新しい地球では現実に近づいていくのです。

インフレ・デフレを気にすることは無くなる

いずれ、人工知能の進化が経済の根本を変える未来が訪れるだろうとわたしは考えています。人工知能が高度な需給バランスを瞬時に割り出し、それに基づく調整を自律的に行うことで、人間が従来のように需給の変動やその影響を心配する必要がなくなる日が来るでしょう。特に超人工知能が実現されれば、その計算能力は人間の想像をはるかに超え、圧倒的なスピードで最適解を導き出すことが可能となります。

人工知能が物流や経済活動を一手に管理することで、**インフレやデフレといった概念そのものが消滅する未来**が見えてきます。人工知能は世界中の需要と供給をリアルタイムに把握し、それに応じて調整を行うことで、物価の安定を実現します。たとえば、商品やサービスの過剰供給が予測されれば生産を抑制し、逆に供給不足が見込まれる場合は適切なタイミングで生産を促進する、といった調整を瞬時に行えるようになるでしょう。

このような需給調整が行われれば、生活必需品やサービスの価格が一定の水準を保つことが可能となり、インフレやデフレの波に翻弄されることがなくなります。これにより、人々は物価上昇への不安や経済的不安定に苦しむことなく、安心して生活を営む基盤が整うでしょう。

経済成長も、従来の**「成長率が高ければ良い」**という考え方から脱却し、**「最適で持続可能な成長」**にシフトすることが期待されます。高すぎる成長は資源の過剰消費や環境破壊を引き起こし、低すぎる成長は停滞や失業の増加を招きますが、人工知能が導き出す経済モデルでは、こうした問題が緩和され、安定した成長が持続的に達成されるでしょう。

さらに、人工知能がもたらす需給バランスの最適化は、**国家間の経済格差をも縮小させる**可能性があります。従来、先進国や基軸通貨を持つ国々は経済成長が著しい一方で、発展途上国や人口減少国は成長が鈍化する傾向がありました。しかし、人工知能がそれぞれの国の特性に応じた最良のモデルを瞬時に計算し、資源や技術の効率的な分配を実現することで、国際経済の調和が進むでしょう。

こうした人工知能主導の経済システムでは、**経済危機やバブルのような現象も過去のものとなり得ます**。市場の過熱や崩壊を未然に防ぎながら、持続可能で効率的な経済運営を実現することで、経済はより安定し、人々の生活水準が向上することが期待されます。

インフレやデフレを気にしない時代が到来することは、単なる技術革新にとどまらず、人類の生活全般にわたる大変革を意味します。人工知能が経済の舵取りを担う未来では、より平等で安定した社会が築かれ、誰もが安心して暮らせる新しい世界が形作られるでしょう。このような進化は、人類の意識の変化や精神的成熟とも深く結びついてくることになります。

統一通貨とデジタルベーシックインカムの導入

インフレやデフレ、経済危機、バブルといった不安要素が消える時代が訪れると、わたしたちの「お金」に対する考え方や価値観そのものが大きく変わるでしょう。**お金をめぐる執着心やそれに起因する争い、嫉妬、さらには戦争までもが徐々に過去の産物となっていく**可能性があります。

もし各国間の経済格差が縮小し、生活水準が全体的に向上する未来が現実となれば、現在のように国ごとに異なる通貨を維持する理由は次第に薄れていくでしょう。現在、世界には200以上の国々が存在し、それぞれが独自の通貨を運用していますが、将来的にはこれらの通貨が統一され、**世界共通の統一通貨が誕生する**可能性は十分あり得るでしょう。

統一通貨の導入は、為替リスクや取引コストを大幅に削減し、国際的な経済活動を飛躍的に効率化するでしょう。また、国ごとの経済的な競争ではなく、地球規模での調和を目指した協力関係が強化されることで、経済的な平和が実現するのです。**もう各国で、経済を理由に争うことは無くなる**のです。

さらに、人工知能とブロックチェーン技術の進化により、**「デジタルベーシックインカ**

ム（DBI）」という新しい経済モデルが全世界で実現する未来も考えられます。デジタルベーシックインカムとは、世界中のすべての国民に対して一定額の資金をデジタル通貨で定期的に支給する仕組みです。この資金は、健康で文化的な生活を維持するために必要な最低限の金額を保証するものであり、国籍や経済状況にかかわらず、すべての人が均等に受け取ることが可能です。

これにより、経済的に困窮している人々も基本的な生活を営むことができるようになり、貧困問題の解決に向けた大きな一歩となるでしょう。また、貧困がなくなることで、略奪や強盗といった犯罪の多くが抑制され、社会全体の安全性が向上します。すべての人が教育を受け、適切な医療を享受し、食糧や水にアクセスできる社会が実現すれば、人々は安心して住居を持ち、人間としての営みを豊かにすることが可能になります。

こうした未来は、単なる経済モデルの進化にとどまらず、人類の精神的な成熟を示すものとなるでしょう。経済的な不安が解消されることで、**人々は個々の才能や創造性を自由に発揮し、社会全体が調和を重んじる新しい価値観へとシフト**していくでしょう。競争や対立よりも、協力や共生が基盤となる新しい地球は、まさに人類の進化の到達点ともいえる理想郷（ユートピア）です。

統一通貨とデジタルベーシックインカムの導入は、この新しい地球の実現に向けた一歩となり得ます。それは、すべての人々が平等に機会を享受し、誰一人取り残されない世界を築くための重要なポイントとなるでしょう。

世界憲法の制定とビザ撤廃が実現される

統一通貨の先には世界憲法が制定され、観光ビザ等の撤廃も徐々に進むでしょう。ただし、実現には極めて重要な条件が存在します。それは、新しい地球における人類が、従来のような「競争による支配」や「他者をコントロールする欲求」を克服しなければなりません。たとえば、「誰よりも努力し、誰よりもお金持ちになり、誰からも羨まれ、みんなから憧れる存在になりたい」そう考えることは決して悪くありません。しかし、そのような従来の資本主義的発想では、超人工知能の時代はもう地球自体がうまく成り立たないのです。

もし人類がこれまでのように、自らの利益や権力のために他者を犠牲にしようとする姿勢を維持し続けるなら、理想郷の実現は極めて困難でしょう。この意味で、古い価値観に縛られた地球人の生き方そのものが過去のものとなる必要があります。

新しい資本主義の発展がもたらす効果として、各国間の経済格差が縮小し、貧困国が着実に減少する未来が見込まれます。経済的な平等が進むことで、各国の社会問題や治安の改善が加速し、国境を超えた協力体制が強化されるでしょう。

さらに、人工知能の進化は、犯罪の抑制に大きな役割を果たすと考えられます。人工知能技術が高度化することで、犯罪の予測と未然防止が可能となり、強盗、略奪、暴力行為、さらには組織犯罪までも大幅に減少する未来が訪れるでしょう。ギャングやマフィアのような犯罪組織の根絶が進むことで、社会全体の治安が向上し、人々が安心して暮らせる平和な環境が整備されます。このような安定した社会は、人々に安心感と希望を与え、より調和の取れたコミュニティの形成を促します。

また、人工知能を活用した資源管理や環境保護の強化により、地球規模での環境悪化が効果的に抑制されるでしょう。これにより、持続可能な社会の構築が進み、次世代に対してより良い地球環境を引き継ぐことが可能となります。

国家間の戦争や経済の争いがなくなるためには、共通の価値観を反映した「**世界憲法**」の制定が不可欠です。この憲法は、国境や文化の違いを越えて、すべての人々が守るべき基本原則を定めるものであり、個人の自由と平等、平和と調和、そして持続可能な発展を基盤とした規範を提供するものです。この世界憲法が機能することで、国際的な争いを未然に防ぎ、各国が対等な立場で協力する基盤が整うのです。

こうして社会が調和を取り戻すことで、世界はもはや分断される必要がなくなります。しかし、国家が統一される必要はないでしょう。あくまでも個々の国はその独自性や文化、歴史を残した形で自由に行き来ができるようになるでしょう。個々の文化やアイデンティティを尊重しつつ、共通の目標に向かって進む新しい形の人類社会を構築するでしょう。それは、競争ではなく協力、支配ではなく共生を基盤とした、人類の新たな進化の象徴となるのです。

こうした未来の実現は、わたしたち一人ひとりの意識改革と行動にかかっています。新しい地球のビジョンを共有し、それに向けて一歩ずつ歩みを進めることで、人類は真の意味で調和と繁栄を享受する時代（ユートピア）を迎えることができるのです。

新しい地球人は「人として生きる意味」を追求する

ビザの撤廃が実現しても、それが世界中の文化や伝統の均質化や、画一的な社会を意味するわけではありません。むしろ、多様な文化や歴史、伝統、言語が尊重される社会こそが目指すべき未来です。それぞれの地域や国が独自の文化的アイデンティティを保持しつつ、共通の価値観のもとに共存していく世界が築かれるのです。このような社会では、統一された通貨や憲法が存在しながらも、各地域が独自性を持ち続け、互いに学び合い、尊重し合う環境が形成されます。

たとえば、ビザが撤廃された後の各国や地域は、現在の日本における都道府県のような役割を果たすことが想定されます。それぞれの地域が固有の文化や言語、風習を保持しながらも、共通の枠組みの中で調和を保つのです。これにより、地域ごとの特色がさらに輝きを放ち、相互理解が進む中で、より豊かな多様性が社会全体に反映されます。

このような社会では、人々は他者の文化や価値観を深く理解しようと努めるようになります。他者を理解することは、結果的に自己を理解することにも繋がります。それは、自己のルーツや役割についての気づきを促し、「自分とは何か」「なぜ人間として生まれてきたのか」といった哲学的で奥深い問いへの答えを探る手助けとなるでしょう。

統一通貨と世界憲法の制定が実現し、多様性と調和が共存する社会では、経済的格差や国家間の争いといった問題が大幅に解消され、人々の関心は物質的な豊かさから精神的な充足へとシフトしていくでしょう。人間としての生きる意味を追求することが、新しい地球人の共通のテーマとなるのです。

個々人は、自分自身の存在意義を見つめ直し、「何のために生きるのか」という問いをより深く考えるようになります。人々は物質的な所有や地位の獲得ではなく、**他者との協力や感謝、創造性の発揮を通じて人生の充実感を得る**ことを目指します。これは、個人の内面的な成長と社会全体の調和を同時に促進する新たな生き方です。

この新しい社会では、互いの違いを尊重し合うことで、より創造的な能力が開花していきます。多様な文化や価値観が交わる中で、新たなアイデアや技術が生まれ、人類全体の知恵が一層深まるでしょう。たとえば、ある地域の伝統的な知識や技術が他の地域のニーズに応える形で活用されるなど、文化や経済の相乗効果が期待されます。

最終的に、新しい地球人は、物質的な所有を超えた「精神的な豊かさ」や「つながりの中での幸福」を求める存在へと進化します。それは、「自分さえ良ければいい」という考えを捨て、「自分が他者や社会にどのような貢献ができるか」という視点を持つ生き方です。こうした生き方の中で、人々は「人として生きる意味」をより深く実感することができるのです。

このように、統一通貨と世界憲法の制定の実現は単なる制度的な変化ではなく、人々の意識や価値観の進化を伴うものでなければなりません。それにはわたしたちがこれまで洗脳されてきた争いの波動を手放すことが不可欠です。そして、人間としての本質を問い直し、より良い未来を創造するための土台を築いていく必要があります。

自動化、無人化、コスト低下により、生活費が驚くほど下がる

新しい資本主義においては、超人工知能と先進的なテクノロジーが経済活動の中核を

担い、さまざまな分野での自動化が加速します。これにより、これまで人間が手作業で行っていた多くの業務が効率化され、需給のミスマッチが大幅に解消されます。その結果、経済全体の効率が飛躍的に向上し、社会は持続可能かつ安定した成長を遂げることが可能となります。

ロボット技術と人工知能の進化により、製造業やサービス業の分野では大規模なコスト削減が実現します。たとえば、自律型ロボットが製造ラインや配送ネットワークを管理し、24時間稼働できる体制が整います。これにより、労働コストは劇的に低下し、従来のような時間や場所に制約されないサービスが提供されるようになります。こうした変革は、消費者にとっても恩恵が大きく、生活必需品や娯楽の価格が飛躍的に安くなることで、より多くの人々が豊かさを享受できるようになります。

さらに、**3Dプリンター技術**の進展は、物品の生産方法に革命をもたらします。この技術は、従来必要とされていた大規模な工場や複雑なサプライチェーンを不要にし、必要なものを必要な場所で、迅速かつ低コストで生産できる環境を構築します。これにより、**製品の価格が大幅に下がり、質の高いものが手頃な価格で手に入るようになります。**また、3Dプリンターは廃材の再利用や生産時の廃棄物削減にも寄与するため、環境負荷の軽減にもつながります。

また、ロボット技術と人工知能が資源採掘や土地利用を最適化することで、原材料の取得コストも劇的に低下します。たとえば、人工知能が最適な採掘場所を特定し、ロボットが効率的に作業を行うことで、従来よりも少ないエネルギーと時間で必要な資源を得ることが可能になります。このようにして、原材料やエネルギーのコストが削減されると、最終的には生活全般にかかる費用が低下し、個々の経済的負担が軽減されます。

そして、技術革新によるコスト低下は、デジタルベーシックインカムの導入を促進します。基本的な生活を送るのに必要な資金がすべての人々に均等に配布されることで、経済的格差は劇的に縮小します。これにより、誰もが最低限の生活を保証され、教育や医療、食糧、住居へのアクセスが可能になります。貧困の解消は犯罪の減少にも寄与し、社会全体の治安が向上するでしょう。

こうした変化は、単なる技術革新による経済の効率化にとどまりません。それは、人々が物質的な豊かさだけでなく、精神的な充実感や他者との調和を求める社会へと移行することを意味します。このような社会では、個々人が自己の使命を見出し、他者と協力しながら、より良い未来を創造することが可能となります。

わたしが**「弥勒の世」と呼ぶこの理想郷は、2030年代から兆しが見え始め、2050年代の超人工知能が到達するとされる技術的特異点（シンギュラリティ）を契機に、現実のものとなるでしょう。**それは、人類が経済的格差や環境問題といった課題を克服し、新しい価値観と調和のもとで繁栄する時代の到来を示しています。この未来は、希望と可能性に満ち溢れた新しい地球の姿そのものです。

人工知能による自律分散型経済管理の実現

そして、新しい資本主義の中心には、人工知能と高度なテクノロジーを駆使した経済管理の自動化があります。このアプローチは、従来の経済システム、特に社会主義的な中央計画経済モデルと完全に一致するものではありません。むしろ、人工知能を活用した自律分散型経済管理は、従来の中央集権的なシステムとは異なるアプローチを取ることで、より柔軟で効率的な経済運営を実現しようとしています。

この新しい経済モデルでは、人工知能とデジタル通貨が組み合わさることで、需要と供給のバランスがより精緻（せいち）に管理されます。従来の社会主義モデルでは、国家や中央機関が経済の大部分を計画し、分配をコントロールしますが、**人工知能による自律分散型経済管理は、こうした中央集権的な管理から解放されます。**代わりに、人工知能は個別の生産者や消費者のデータをリアルタイムで収集し、需給のバランスを柔軟に調整します。このようなシステムでは、上からの強制的な計画や配分を必要とせず、各単位が自らのニーズやリソースに応じて最適化されるため、**効率的かつダイナミックな経済**

活動が可能になります。

たとえば、製造業において人工知能は生産の必要数を予測し、最適な資源配分を決定します。個々の消費者の購買履歴や嗜好をもとに、商品の供給量が決定されることになります。これにより、需要の過剰や不足といった問題を事前に予測し、対応することができます。また、デジタル通貨や仮想通貨は、これらの取引をスムーズに行い、無駄なコストを削減します。たとえば、**スマートコントラクト**を利用することで、取引の透明性を確保し、リアルタイムでの決済を可能にします。このようなテクノロジーは、取引の効率化だけでなく、経済活動全体の生産性を高める役割を果たします。

スマートコントラクト（Smart Contract）とは、ブロックチェーン技術を活用した自動化された契約のことです。従来の契約書とは異なり、プログラムコードとしてブロックチェーン上に記録され、契約条件が自動的に執行される仕組みです。

具体的には、あらかじめ定められた条件が満たされると、指定されたアクションを自動的に実行します。たとえば、「AさんがBさんに1000ドルを送金した場合、Cさんに商品を発送する」という条件をプログラムとして埋め込むことができます。この条件が満たされると、プログラムは自動的に次のステップを実行できるのです。

ブロックチェーン上で実行されるため、改ざんができません。また、契約内容や取引履歴は公開され、誰でも確認することができます。このため、**中央集権的な仲介者が不**

要で、信頼性が向上します。また、手動で契約を実行する手間や仲介者の費用を削減します。また、条件が自動で執行されるため、取引が迅速に完了します。

さらに、人工知能とブロックチェーン技術を活用した**「自律分散型」経済管理は、格差の縮小にも寄与する可能性があります。**人工知能は、すべての市民に対して公平に資源を分配することができ、また、**デジタルベーシックインカム（ＤＢＩ）**の普及を後押しします。これにより、最低限の生活保障がすべての人々に提供され、物質的な格差が大きく縮小することが期待されます。ＤＢＩのシステムでは、人工知能が個々の生活に必要な最低限の資源を自動的に計算し、全員に均等に配分することが可能です。

たとえば、人工知能は地域ごとの生活費や社会的要因を考慮し、個々のニーズに基づいた金額を決定します。このように、人工知能は膨大なデータを解析し、最適な生活支援を提供するため、従来の福祉制度の効率性を大幅に向上させることができます。これにより、貧困層の支援が充実し、社会全体の安定が保たれるのです。

しかし、このシステムが実現する一方で、物質的な格差が縮小される中で新たな「差異」が生まれる可能性も考えられます。それは、知識やスキル、創造性といった無形資産に関する格差です。人工知能による経済管理は物質的な側面には注力しますが、無形資産の面では、人間の才能や努力、革新性が重要な要素となります。たとえば、教育や職業訓練を通じて培われるスキルや知識、または新しい創造や発明が高く評価されることになります。

これにより、知識や創造力のある人々がさらに強い影響力を持つようになる可能性があります。**逆に言えば、個々の才能や努力が評価されることによって、これまでのように単なる資本力による経済的成功だけでなく、人的資源や創造力を生かした成功の道が開けるのです。**この新たな格差は、競争の原理によって社会を活性化させる一方で、過度の競争が精神的な負担となる可能性もあります。そのため、無形資産における格差をどう管理し、バランスを取るかが新しい経済モデルにおける課題の一つとなるでしょう。

また、この自律分散型経済管理が進行することによって、企業の役割も変わると考えられます。人工知能が提供するデータや予測をもとに、企業はより柔軟で迅速な意思決定を行い、効率的な生産やサービス提供を実現するでしょう。これは、企業内部の構造にも影響を与え、**従来のトップダウン型の組織から、人工知能を駆使してフラットで迅速な意思決定が行われる組織形態へと移行していく**ことが予想できるのです。このような変化は、企業の競争力を高める一方で、従業員に対する新たなスキルの習得を求めることになるでしょう。

結論として、人工知能による自律分散型経済管理は、従来の経済システムとは大きく異なる可能性を秘めています。物質的格差の縮小や生活の向上を実現しつつ、知識や創造力の重要性が増すことで、経済の進化が加速します。しかし、この新しいシステムには倫理的な問題や社会的な影響も伴うため、その実現に向けた議論と調整が欠かせません。

ベーシックインカムの成龍杜プラン

24 時間以内に失効するデジタルベーシックインカムを提案

現在、デジタルベーシックインカム（ＤＢＩ）を継続的に実施している国はありませんが、いくつかの国や地域で試験的にデジタル形式の基本所得が導入されています。特に注目されるのは、フィンランドとアメリカのいくつかの都市での試みです。

フィンランドでは、２０１７年から２０１８年にかけて、失業者を対象にしたユニバーサル・ベーシックインカムの実験が行われました。このプログラムでは、選ばれた失業者に毎月一定の金額が支給されましたが、デジタル形式で支給されることはなく、また全国的に広がることはありませんでした。結果的に、雇用創出にはつながらなかったものの、生活の質や福祉の向上に関する重要な知見が得られました。

アメリカのカリフォルニア州ストックトン市では、ＳＥＥＤ（Stockton Economic Empowerment Demonstration）というパイロットプログラムが実施され、低所得層の住民に毎月現金がデジタルプラットフォームを通じて支給されました。このプログラムはデジタル形式の基本所得に近い形態を取っており、参加者の生活向上に一定の効果があったとされています。

今後、デジタル通貨やブロックチェーン技術の導入が進むことで、より多くの国で試験的な実施が拡大する可能性があります。

ベーシックインカム成龍杜プランは、たとえば、**ブロックチェーン技術を活用した仕組みで、毎日3，000円（年間約100万円相当）のデジタルベーシックインカムを支給すること**を考えます。この金額は物価に連動させることも可能で、最低賃金の3倍程度とする案も良いでしょう。

さらに、この支給額には**24時間以内の使用期限**を設け、消費を促進し、経済活動の活性化を図ります。この仕組みは、既存の社会福祉制度をすべて残したうえで、上乗せ的に提供されるものとします。また、支給されたデジタルベーシックインカムは、ネット上で確認・管理できるようにし、透明性と可視性を確保します。

支給額を多額にしない理由は、**人間が堕落しないようにするため**です。必要最低限の補助にとどめることで、働く意欲や生産性を損なわない仕組みを目指します。

利点1：消費が促進される。経済的困窮者が減り、格差は縮小する。

このデジタル通貨は24時間の期限付きとなっているため、国民は即時に消費をしようとするでしょう。そのため消費促進効果が期待されます。使わなければ無駄になってしまうため、消費を刺激し、経済活動を活性化させるでしょう。特に経済的に困窮している人々にとって、毎日の3，000円は日々の生活費や必需品、食費の購入に役立つため、生活の安定に寄与する可能性があります。

利点2：お金のための仕事から解放され、人生の質が変わる。

労働市場における「お金のために働く」圧力が緩和されます。これにより、人々は自分のキャリアを選択する際、より自由度が高まり、たとえば、社会貢献的な仕事や創造的な仕事、あるいは自己成長を目指した学びの機会に時間を費やしやすくなります。これにより、単に生活費を稼ぐための仕事ではなく、人生のクオリティを向上させるための仕事選びが可能となるでしょう。

利点3：お金に対する欲が減り、精神の時代が加速する。

毎日のデジタル通貨支給が安定して提供されることで、日々の生活に必要な基本的な資金が確保され、人々は「生きるために働く」というプレッシャーから解放されます。蓄財への負担も軽減され、必要な分だけを使うライフスタイルが広がります。これにより、「物質的な豊かさ」から「精神的な成長」へと価値観が移行しやすくなります。人間関係や自己実現、創造性など、お金では買えないものが重視されるようになるでしょう。

欠点1：デジタル格差により、使えない人が出る。

生活必需品を得るために、期限付きのデジタル通貨を使うことが困難な人々（たとえば高齢者やデジタル技術に不慣れな人々）にとっては、経済的な格差が拡大する懸念があります。特に、使い方や管理がデジタルに依存しているため、その恩恵を受けられない層が生まれる可能性があります。

欠点2：投資、ギャンブルに使ってしまう人が出る。

毎日与えられるデジタル通貨が、必ずしも生活必需品の購入に使われるとは限らず、投資やギャンブルに使用する人が出てくる可能性があります。特に、手に入れたばかりのデジタル通貨を「金額が少ない」と感じて、リスクを取って短期間で利益を求める行動に走ることが考えられます。このような行動は、結果的に個人の経済的安定を脅かし、依存症や過度なリスクテイクを引き起こす危険性を孕んでいます。

対策としては、デジタル通貨の管理や使用方法に関する規制や啓発活動が挙げられます。また、通貨としての安定性を維持するため、政策的なサポートや調整、一定の使用制限を設けることも必要不可欠でしょう。

欠点3：消費需要の急増により、開始当初は物価高を招く。

開始初年度の財政負担は、日本の場合、約137兆円です。これは日本のGDPの約

24%程度に相当し、消費需要が急増して数%の物価上昇を招く可能性があります。対策としては、段階的な導入、低所得者層への重点的な支給と高所得者層への支給削減、金融政策の適切な調整、富裕層への課税強化などで財政負担を分散させることが考えられます。

「弥勒の世」は社会主義とは全く異なる理由

「弥勒の世」、すなわち「愛と調和の時代」が到来した場合、わたしたちが期待する社会は、単なる物質的な豊かさや経済的平等を追求する社会主義とは根本的に異なります。この違いは、経済的な格差を是正し、平等な社会を目指すという点においても顕著ですが、最も重要なのは「個々人の独自性を尊重し、自己実現を追求する社会の形態」という点にあります。

社会主義は、基本的に物質的平等を重視し、富の再分配を通じて全員に平等な生活水準を提供することを目指します。このアプローチでは、国家や政府が資源を管理し、経済活動を計画的に統制します。理論上、すべての人々が同じ生活水準を享受できることを目指しますが、実際には個々人の自由な発展や多様性を十分に尊重しきれないことが多いです。たとえば、平等を実現するために規制や強制が必要となり、それが個人の自由を制限することがあります。

一方で弥勒の世は、物質的平等を求めるのではなく、**個々人の内面的な成長と自己実現**を重要視します。たとえば、弥勒の世においては、個々人が持つ独自の才能や価値観が、社会全体にとっての強みとなります。これにより、社会全体がより多様で豊かになり、各人が自分らしさを最大限に発揮できる環境が整います。このような社会では、競争が過度に強調されることなく、**共存と協力**が価値として尊重されます。

つまり、これからの時代、多くの人々は従来の資本主義的価値観を超えた新たな価値を求めるようになるでしょう。たとえば、ある人は、それがたとえ金銭的な見返りを伴わなくても、宇宙や生命の本質を探求することに生きがいを見出します。また別の人は、たとえその楽曲が大衆に受け入れられず、売上に結びつかなくても、自分の内なる感情や理想を音楽に表現し続けるでしょう。さらに、ある人は、直接的な経済的報酬を得られなくても、社会の中で困難に直面する人々を支える活動に没頭します。

弥勒の世では、テクノロジーや経済の発展が、個々の自由な発展を助けるツールとして機能します。たとえば、人工知能やブロックチェーン技術が進化することによって、わたしたちの生活がより効率的で便利になる一方で、それが人間らしい活動や自己表現の機会を制限することなく、むしろそれを支える役割を果たします。たとえば、人工知能による自動化が進むことで、物理的な労働から解放され、人々はより創造的で充実した生活を送ることができるようになります。このように、テクノロジーの進展が個々の自由な表現を助ける方向で進んでいくことが、弥勒の世の特徴です。

一方、**社会主義が追求する「全員平等」という理想は、必ずしもすべての人々が自己実現を追求できる環境を作り出すわけではありません。社会主義では平等を確保するために、強力な中央集権型の管理が必要とされることが多く、結果として個々の自由や選択肢が制限される可能性があります。**これに対して**弥勒の世は、個人の選択と自由を尊重し、共に成長することを奨励する社会であり、**これが社会主義とは大きく異なる点です。

また、**弥勒の世では、人間の精神的成長や内面的な調和が最も重要な価値とされます。社会主義は物質的な平等を追求するあまり、精神的な成長や個々人の内面に目を向けることをおろそかにしがちです。**

つまり、弥勒の世は、**物質的な均等ではなく、精神的、感情的な調和と愛を基盤とした社会**であり、その中で個々の自由な成長と自己実現が可能となります。それが実現することで、わたしたちは社会全体として調和と愛に満ちた世界を築き上げることができるのです。このような社会は、従来の社会主義が追求した「平等」の枠組みを超えて、**個々の独自性を尊重しつつ、より豊かで調和の取れた未来を築く**ことができるのです。

競争意識の新しい形態が生まれる

金銭的な格差が解消され、物質的な不足感がなくなる社会においては、競争の軸が大きく変化することは明らかです。これまでは、物質的な財産、経済的な富、そして社会的地位を追い求めるために、競争が繰り広げられていました。人々はより多くの金銭的報酬を得ることや、社会的な評価を高めることを目的として、競争に参加してきました。しかし、**未来においては、これらの物質的な価値から解放され、人々の競争意識は知識、技術、創造性、そして精神性といった新たな領域にシフトしていくと考えられます。**

たとえば、現代社会においても、すでに知識や創造性を競い合う分野が増えてきています。アートや音楽、科学、教育の分野において、競争の中心は単に物質的な成功や利益の追求ではなく、創造的な表現や知識の探求が重要視されています。今後、時間が経ち、人々の目覚めが加速し、社会が進化するにつれて、この傾向はますます顕著になり、物質的な充足感が広がる中で、競争の目的は「自己表現」や「精神的な満足感の追求」に移行していくでしょう。

たとえば、アートの世界では、かつては売れる作品や経済的に評価される作品を生み出すことが競争の主要な要素でした。しかし、弥勒の世では、アーティストたちは物質的な富を追求するのではなく、創造的な表現を通じて、他者に感動や癒しをもたらすことが求められる時代となります。売れることよりも、個々の作品がもたらす感動や共感が、アーティストの価値を決定づけるようになるのです。この変化により、競争の概念は、単なる利益追求ではなく、**人に感動を与える、人に感謝される**ことを目指す新しい形態へと進化していくでしょう。

また、社会全体が物理的な富や社会的地位の枠組みを超えて、精神的な充実や自己実現を追求する時代が来ると、人々の競争意識は次第に内面的な探求にシフトしていきます。自己実現のプロセスは、他者との関係性や社会的なつながりによって形成されるため、競争は単なる個人の勝ち負けの概念を超えて、共感や感動を通じた交流が重視されるようになります。このような競争では、たとえば自分の成果を社会にどれだけ貢献できるか、また他者にどれだけ良い影響を与えられるかが重要な指標となります。

具体例として、東日本大震災や能登半島沖地震などのボランティア活動を考えてみましょう。被災地では多くの人々が無償で支援活動に参加し、物質的な報酬を求めることなく、困難な状況において人々を支え合いました。たとえば、ある地域でボランティアが集まり、被災者の避難所での生活支援や物資の供給、心理的なサポートを行う場面では、競争は単なる物質的な成果や地位の獲得ではなく、どれだけ他者を助けることができるか、共感や愛を持って人々に手を差し伸べられるかが重要な基準となりました。

物理的な財産や社会的地位ではなく、精神的な豊かさや社会的なつながりを築くことが競争の焦点となり、**参加者は「誰かに感謝される」ことに喜びを見出すようになります。**このようにして、競争は物質的な成果から、相互支援や共感を基盤にした形へと変わり、社会の中で人々の心が繋がっていきます。

その結果、競争の新しい形態は、物質的なものから精神的な価値、社会的つながり、そして人間的な成長の追求へと移行します。競争はもはや、物やお金、社会的地位の獲得を目的とするものではなく、むしろ「他者との調和」を重視し、相互に支え合いながら成長することが求められる時代へと進化していきます。この変化がもたらす影響は、単なる経済の枠組みにとどまらず、社会全体に深い感動と感謝の波を広げることを意味します。

震災後のボランティア活動のように、社会全体で協力して環境問題に取り組んだり、教育分野で共感をもって次世代を育成したりすることは、物質的な競争を超えた新たな価値の創造に繋がります。このような社会では、「他者を喜ばせる」ことこそが、最も重要な競争の軸となり、結果として社会全体が調和と共感に満ちた未来を築くことができるのです。

それでも人間のエゴや欲望が消えることはない

人工知能や高度なテクノロジーが生産と配分を最適化し、社会全体の豊かさを提供しても、**人間のエゴや欲望が完全に消えることはありません。** 現代の技術がいかに進化しても、人間が持つ根源的なエゴや欲望は、依然として無視できない存在です。物質的な豊かさが広がり、社会が進歩しても、人間が持つ内的な衝動や自己中心的な欲求が消えるわけではないのです。この事実は、過去の社会主義や高度な経済理論ではしばしば見過ごされがちでしたが、未来の社会ではこれをどう制御し、調和を保つかが極めて重要なテーマとなります。

エゴや欲望は人間でなら誰しもが持つものであり、社会や個人の発展において必ずしも悪いものではありません。むしろ、欲望が動機となり、個人の成長や社会の発展を促すこともあります。しかし、社会全体が調和と共感を大切にする時代においては、これらの欲求が過剰になり、他者との関係を損ねることがないようにすることが求められます。たとえば、ある企業が急成長を遂げ、その成功を維持しようとするあまり、従業員の利益や環境への配慮を無視してしまうことがあるかもしれません。これはエゴが過度に発展した一例であり、社会全体の調和を乱す要因となります。弥勒の世では、こうしたエゴを制御し、他者と共に繁栄する道を選択することが重要です。

個人の内面的な成熟が社会全体の調和に寄与し、エゴや欲望のコントロールが人間関係や社会システムにおいて重要な役割を果たす時代となるでしょう。この段階で鍵を握るのは、精神教育の充実です。精神教育は、単なる道徳的な教えにとどまらず、より深い自己理解や感情の調整を促進するものであるべきです。たとえば、瞑想や自己反省、感情管理のスキルを学ぶことで、個々人は自己の欲求を過剰に発展させず、調和を保つ力を養うことができます。

また、このような教育は社会の各階層で重要となります。家庭や学校、職場など、あらゆる場所で感情の調整や内面的な成長が促されるべきです。具体的には、学校教育においても、感情を表現する方法や他者と協力する技術を学ぶカリキュラムが増え、子どもたちは自己のエゴを理解し、コントロールする力を養います。また、企業においては、リーダーシップの研修で感情知能（EQ）の重要性が強調され、従業員が自己の欲求とバランスを取る方法を学ぶ機会が提供されることが期待されます。

弥勒の世は、社会主義が目指した「平等」や「分配」の枠組みを超え、**個人の尊厳**や**多様性**が中心となる社会です。物質的な豊かさを基盤にしつつ、精神的な成長や自己表現が共存する新しい時代が到来するとき、社会は単に物理的な競争を超え、**心の豊かさを求める競争**へとシフトしていくでしょう。

たとえば、ある人が自己実現を追求し、社会的な影響を与える行動を選んだとしましょう。彼が物理的な富を求めるのではなく、人々に感動や共感をもたらすことを目指して活動する場合、社会全体がその姿勢を称賛し、より多くの人々が喜び、その価値観を学び取ることができるでしょう。

ユートピア（楽園社会）か、ディストピア（暗黒社会）か

トランプ版グレートリセットから、日本発の新しい資本主義に至るまでには、決して一筋縄ではいかないことでしょう。この過程で最も重要なのは、テクノロジーの進展に合わせた**地球人の意識改革**です。単に技術的な革新が進むだけではなく、わたしたちがどのような社会を望むのか、そしてその社会をどのように築いていくのかが、これからの未来に大きな影響を与えるのです。その選択が、ユートピア的な社会を築くか、それともディストピア的な暗黒の未来を迎えるかを決定づけることになります。

人工知能や高度なテクノロジーはあくまでも道具であり、その存在は主従関係で言うならば「従」にすぎません。地球人が人工知能に何を求め、どのようにそれを活用するかが重要なのです。**もしわたしたちが技術の力を、自己の欲望や利権のためだけに利用するの**

であれば、人工知能が生み出す未来は、暴走したテクノロジーに支配されたディストピア的な世界に向かうことも十分に考えられます。一方、人工知能を人類全体の利益のために、倫理的に調和をとりながら活用することができれば、格差が最小限に抑えられ、すべての人々が平等な機会を享受できるユートピア的な社会の実現も見えてくるでしょう。

このような未来に向かうためには、個々人の意識が何よりも重要です。わたしたちがどのような社会を築きたいのか、そしてそのためにどのような行動を取るのか。その選択の結果として、わたしたちはユートピアにもディストピアにも向かう可能性を秘めているのです。つまり、どの世界に進むのかは、個々の選択にかかっていると言えるでしょう。

そのために、真の意味での目覚めが必要です。わたしたちが何に価値を置き、どのような社会を望むのかを深く問い直すことが、この新しい時代を生き抜くための重要な課題となるでしょう。この目覚めを促進するために、これからも**精神性を問うような出来事やイベントが続く**はずです。

この新しい時代においては、技術と倫理が調和した社会が望まれます。それは、単なる物質的な豊かさではなく、精神的な成熟と共に成り立つ社会です。その中で、わたしたちは人間らしさを取り戻し、他者との調和を大切にし、共に成長する道を選んでいくべきです。その道を選べるかどうかは、わたしたち一人一人の意識にかかっています。

精神性を問うような出来事やイベントとは

では、わたしたちの精神性を高める契機となる出来事やイベントとは、具体的にどのようなものでしょうか？　それは、**大規模な戦争**でしょうか？　それとも、**予期せぬ天変地異のような自然災害**でしょうか？　あるいは、**突如として訪れる金融危機**でしょうか？　はたまた、**致死率の高いウイルスによるパンデミック**でしょうか？　**食糧危機や異常気象による大寒波**、さらには**隕石衝突のような地球規模の危機**を挙げることもできるでしょう。これらの可能性は確かに存在します。しかし、**「精神性を高める」という観点においては、それが必ずしも戦争や災害である必要はないのです。**

たとえば、**これまでの価値観を根底から覆すような、従来当たり前に存在していたものが崩壊するような出来事が考えられます。**

一方、金融危機は資本主義が大きく転換する時期にしばしば発生します。従来のように、株価の暴落や企業の連鎖倒産、大恐慌といった形で現れるとは限りません。しかし、**わたしたちの精神性を試す局面として、「物質主義の象徴である『お金』に対する執着や価値観を問い直させられるような出来事が起こるのではないか」とわたしは考えています。**

たとえば、貨幣の価値が大幅に低下する事態、すなわち比較的規模の大きいインフレーションが挙げられます。これが大規模かつ継続的に進行した場合、わたしたちは自身の価値観や生き方を見直す必要に迫られるかもしれません。具体的には、米ドルをはじめとする主要通貨が大きなインフレの波にさらされる可能性です。ハイパーインフレには至らないとしても、生活や資産運用に影響を及ぼすレベルのインフレは十分にあり得るでしょうし、それは現在、既に進行中と言えるでしょう。

米ドルの相対的価値低下はすでに始まっている

米ドルの地位低下はすでに進行しているのではないでしょうか？　これは、さまざまな指標に基づいて確認することができます。

たとえば、金価格の推移は米ドルの価値低下を端的に示しています。2000年4月、金価格は1トロイオンスあたりわずか**265ドル**でした。しかし、2024年12月時点では約**2，700ドル**に達し、この25年間で約10倍の値上がりを見せました。また、**ニクションショック（1971年8月15日）以前のブレトンウッズ体制では、1トロイオンス35ドルで固定されていました。**現在は約77倍に値上がりしています。これは、単に金の価値が上がっただけでなく、米ドルの購買力が金に対して約77分の1に減少したことを意味します。このような価格変動は、通貨価値の相対的な低下を示す典型例と言えるでしょう。

さらに、仮想通貨ビットコイン（ＢＴＣ）の価格動向も注目に値します。ビットコインが正式に取引を開始した２０１０年当初の価格は、驚くほど低かったのです。この時期、ビットコインを用いた初めての商取引として知られるのが、２０１０年5月22日にラズロー・ハンイェチ氏がピザ2枚を１０，０００ＢＴＣで購入したエピソードです。この時、ビットコイン１枚の価値はわずか０．００４ドル程度であり、今日ではこの日は「ビットコイン・ピザデー」として記念されています。この歴史的な取引を基準とすると、**２０２４年のビットコイン価格は当時の約２５００万倍にも達しており、**米ドルの価値がビットコインに対して著しく低下していることが明らかです。

同様に、日本円との比較においてもビットコインの価値上昇は際立っています。**２０１０年当時、ビットコイン１枚の価格は約０．３円ほどでしたが、２０２４年12月には約１，５００万円に達しました。この結果、日本円の価値はたった15年でビットコインに対して約５０００万分の１以下となり、通貨としての相対的な価値の著しい低下を示しています。**

ビットコインの価格が上昇している背景には、供給量が２１００万枚に限定されている希少性の高さや、デジタルゴールドとして投資家から注目を集めていることが挙げられます。しかし、これをもって主要国の通貨がハイパーインフレに陥っているとは言えません。ハイパーインフレとは、物価が急激に上昇し（一般に月間50％以上のインフレ率）、通貨の購買力が急激に失われる状況を指します。一方、主要国の通貨は依然として、世界的な貿易や投資における基軸通貨として機能し、高い信頼を維持しています。

現在の状況は、米ドルや日本円といった法定通貨が相対的に価値を失いつつある一方で、金やビットコインなどの代替資産がその価値を増している現象を象徴しています。この背景には、中央銀行による量的金融緩和や財政政策の影響があると考えられます。歴史的に見ても、通貨価値の低下は金融システムの変化や市場の信頼喪失と密接に関連しており、現在進行中のこれらの動きは、世界経済や国際金融秩序における構造的な転換を示唆していると言えるでしょう。

現代は、「法定通貨が基軸となる時代」から、「多様な資産が価値を保つ時代」へと移行しつつあります。この変化は、米ドルを中心とした一極集中の時代から、多極化分散の時代へと向かう兆候であり、世界の経済秩序が新たな段階に進もうとしていることを示しています。

金融危機の未来像とリスクの多様化

近い将来、米国をはじめとする世界各国が「米ドルのみに依存することはリスクが高すぎる」と認識する時代が訪れる可能性があるでしょう。その結果、金やビットコイン、あるいはＢＲＩＣＳ通貨などの代替通貨に外貨準備を切り替える動きが進むことは十分に考えられます。トランプ大統領が提唱する「ビットコインの永久保有」という概念も、こうした文脈の中で語られていると考えるべきでしょう。

しかし、金やビットコインを保有することが万能の解決策であるとは限りません。本当の危機が訪れた際には、これらの資産に対して政府が新たな税金を課す可能性も考えられるわけです。

実際に、歴史はその可能性を示唆しています。

１９４６年の日本円の預金封鎖と資産課税

第二次世界大戦後の日本では、戦後復興と急激なインフレーションを抑制するため、政府は**「預金封鎖」**と呼ばれる思い切った政策を実施しました。この政策は、１９４６年2月17日に開始され、当時の経済や国民生活に大きな影響を与えました。

・旧円の無効化と新円への切り替え

戦時中の通貨供給の過剰によって進行していたインフレーションを抑制するため、政府は旧円を新円へと切り替える措置を導入しました。この切り替えにより、流通通貨を物理的に制限し、過剰な貨幣供給を抑えようとしました。たとえば、国民が銀行に預けていた資産の一部は凍結され、新円への交換が制限されました。

当時、家庭に保管されていた現金を銀行に預けなければならず、多くの人が現金を失うことになりました。「タンス預金」をしていた人々も、旧円の価値が失われる中でその多くが無価値化したのです。

・預金引き出しの制限

個人や企業が資金を自由に引き出せなくなるよう、政府は預金の引き出し額を厳しく制限しました。これにより、経済活動が一時的に停滞したものの、インフレの暴走を食い止める狙いがありました。

一般家庭では、1か月に引き出せる金額が極めて低く設定され、生活費や経済活動の維持に困難をきたしました。たとえば、ある農家では、作物の種を買うための現金が不足し、地域社会での物々交換が一時的に活発化しました。

・高額な資産課税

戦後の社会格差を是正するため、特に富裕層を対象とした大規模な資産課税が行われました。この課税措置は、戦争中に得た利益や資産を削減し、所得分配の平等を図ることを目的としていました。

資産家が持つ土地や不動産に高額な課税が課され、多くの富裕層が資産の一部を手放さざるを得ませんでした。一方、現物資産を所有していた者、たとえば農地や家畜を持つ農民は、相対的にこの政策の影響を受けにくかったとされています。

・金の取り扱いと土地改革

戦後、特にインフレが進行していた時期に、政府は金の流通や保有を制限するための措置を講じました。これは、金の保有がインフレ対策として重要な役割を果たす一方で、金の所有者が経済的に有利な立場に立つことを防ぐためでした。しかし、金自体が直接没収されるのではなく、金の取引や保有に対する政府の監視と規制が強化されました。

現在で言えば、デジタルゴールドであるビットコインなどの暗号資産もこれにあたります。仮に同様の事態が発生した場合、取引や保有に対する規制が強化され、売買利益には高額な税金が課せられる可能性もあるでしょう。最終的に、金や暗号資産では生活ができないことに気づく時が来るかもしれません。

また、土地改革として行われた**「農地改革」**は、土地の所有権の再分配を目的とし、地主から農民への土地の分配が行われました。これは不動産の**没収**ではなく、土地所有者に対する強制的な**売却**という形を取りました。地主は自らの土地を低価格で売却させられ、その土地が農民に分配されました。この改革は、地主階級の権力を削減し、農民層の経済的地位を向上させることを目指したものでした。

米ドル危機が起きた場合

「歴史は同じことは繰り返さないが、韻を踏む」と言いますが、1946年に日本で起きた預金封鎖や資産課税と似たようなことが起きないとも限りません。

もし米ドルが基軸通貨としての地位を失い、急激なインフレーションに見舞われた場合、アメリカや他の先進国でも同様の措置が取られる可能性があります。

具体的には、銀行口座への引き出し制限や、現物資産（たとえば金や不動産、株や債券など）に対する高額な課税が実施されるかもしれません。また、デジタル資産であるビットコインやその他の暗号通貨についても、新たな規制や課税が課されるリスクがあります。

たとえば、米ドルの急激な価値低下を背景に、アメリカ政府が富裕層の暗号資産を対象とした**「非常時課税」**を導入することが考えられます。この場合、事実上の資産凍結や厳しい規制が施される可能性も否定できません。

１９２３年のドイツマルクの一兆倍ハイパーインフレ

ドイツのマルクがハイパーインフレに見舞われたのは、第一次世界大戦後の１９２３年にピークを迎えた期間のことです。この時期は、**ワイマール共和国時代**のドイツで、経済的・政治的混乱が極まった時期でした。

第一次世界大戦中、ドイツは膨大な戦費を賄うため、国債の発行に依存しました。この財政政策は、実質的に通貨を乱発する形となり、金本位制が事実上停止されました。その結果、紙幣の供給が急増し、経済にはインフレの基盤が作られることになります。

１９１９年のヴェルサイユ条約により、ドイツは戦勝国から1，３２０億金マルクという巨額の賠償金を課されました。この金額は、ドイツ経済に大きな圧迫をもたらしました。賠償金を外貨で支払うため、ドイツ政府は紙幣をさらに増刷しました。この行為は、既に悪化していたインフレを一層加速させる結果となりました。

１９２３年、賠償金の一部支払いが滞ったことで、フランスとベルギーはドイツの主要工業地帯であるルール地方を占領しました。これに対してドイツ政府は「消極的抵抗」として労働者にストライキを呼びかけ、賃金を補償するために紙幣を増刷しました。しかし、これがさらなるインフレを引き起こし、ドイツ経済は深刻な混乱に陥ります。

1923年には、ドイツ国内で物価が急騰しました。たとえば、**パン1斤（きん）の価格は1922年には163マルクだったのに対し、1923年11月には1兆マルクに達しました。**この状況では、通貨の価値がほとんどなくなり、人々は紙幣を束にして薪代わりに燃やすほどでした。また、物価が数時間ごとに倍増するスピードで上昇したため、労働者は賃金を受け取るとすぐに買い物をしないと価値がなくなるという事態に直面しました。

ハイパーインフレの影響で貯蓄は無価値となり、特に中産階級が没落しました。貨幣はその機能を失い、物々交換が広まりました。たとえば、農産物と工業製品を直接交換する市場が各地で発生し、貨幣が不要な経済活動が一部で見られるようになりました。

新通貨「レンテンマルク」と「ドーズ案」

1923年11月、ドイツ政府は経済混乱を収束させるために**新通貨「レンテンマルク」**を導入しました。この通貨は、土地や不動産などの実物資産を担保に発行され、旧マルクとは**1兆マルク＝1レンテンマルク**の交換比率で切り替えられました。これにより、国内外での信頼が回復し、物価上昇は収束しました。

ハイパーインフレによる経済的混乱は、ドイツ社会に深刻な政治的不安をもたらしました。特に、蓄財を失った中産階級の不満が高まり、ナチス党のような急進的な思想を持つ勢力が台頭する背景となりました。この時期の社会的不安は、後のドイツ政治に大きな影響を与えています。

１９２４年には、アメリカが提案した**「ドーズ案」**が導入され、賠償金の支払いスケジュールが緩和されました。この計画に基づき、外国からの資金援助を受けることで、ドイツ経済は徐々に安定を取り戻しました。

ハイパーインフレの教訓

ハイパーインフレの本質は、**資産の名目価値が維持されていても実質的な購買力がゼロになる**という点にあります。この期間中、以下の現象が顕著に見られました。

- **債務者が得をし、債権者が損をする**……インフレで借金の返済額が事実上無価値化した。
- **貯蓄の消失**……預金の価値が急速に失われ、中産階級の多くが破産した。
- **固定資産の優位性**……土地や不動産、金や株、債券を保有していた人々は、相対的にインフレの影響を低減させることができた。

この期間中、金の価値は安定しており、インフレに対する「保険」として機能しました。一部の富裕層は金貨や地金を保持し、生活必需品の購入や国外移住の資金として利用しました。一方で、政府は金の没収を行わなかったものの、外貨獲得のために金を外貨に交換させる圧力が間接的にかかる場面も見られました。

ハイパーインフレの歴史から学べること

ドイツのハイパーインフレは、通貨発行と経済政策が社会や経済に及ぼす深刻な影響を鮮明に示しています。当時、世界の主要国の一つであったドイツがこのような経済的破綻に陥ったことは、安定していると見なされる通貨の価値がいかに脆弱であるかを物語っています。これを現代に置き換えると、同様に国際基軸通貨としての地位を長年維持してきた米ドルの信用が揺らぐ可能性も否定できません。

たとえば、アメリカが財政赤字を補うために過剰な通貨供給を行い続けた場合、インフレ圧力が増大し、ドルへの信頼が低下するシナリオも考えられます。さらに、ＢＲＩＣＳ諸国や他の新興国が代替通貨を模索する動きが加速すれば、ドルの国際的な地位が低下する契機となるかもしれません。

ドルがその基軸通貨としての地位を維持するには、アメリカが国際的な信用を損なわないよう、長期的な視野で政策を策定する必要があります。世界経済の変化が速まる現代において、ドイツのハイパーインフレは単なる歴史の教訓ではなく、今後の国際金融秩序を考える上で重要な示唆を与えているると言えるでしょう。

第十章　西洋（イギリス）から東洋（日本）へ

米国の覇権が終了した後、東洋（特に日本）の時代が幕を開けると考えられます。これまでの西洋（特にイギリス）と東洋（日本）の違いを整理し、今後の展望について考えてみましょう。

アリとキリギリスの物語と国の象徴性

「アリとキリギリス」の物語は、勤勉さと怠惰、計画性と刹那的な生き方という、対照的な二つの生き方を象徴しています。この童話を国の象徴に置き換えると、アリは日本、キリギリスはイギリスを象徴するものとして見ることができます。それぞれの国が持つ独自の特性が、この物語の中に反映されているのです。

日本は「日の本」、すなわち太陽の国として知られ、古代から太陽信仰が深く根付いています。神社が朝日に向かって建てられることが一般的であるように、日本の文化や社会には「陽」の性質が色濃く影響を与えています。この「陽」は、勤勉さ、明るさ、そして生命力の象徴です。日本人の持つ規律や勤労精神、着実に物事を進めていく姿勢は、この「陽」の性質に基づいています。日本の強さは、常に働き、計画的に物事を進める姿勢にあります。

一方で、イギリスの「イングランド」という名前は、「陰（イン）の土地」を連想させます。イギリスの気候は霧が多く、曇りがちな日が続くことが多いことで知られています。夏でも比較的涼しい気候や、深い森が広がる風景も、「陰」のイメージを強調しています。イギリス文学、特にシェイクスピアの作品には陰影や深みがよく描かれ、この文化的な特性がそのまま表れています。イギリスは、即興性や優雅さ、そして刹那的な楽しみを大切にする傾向があり、このような「陰」の性質がその国の独自性を形作っています。

この「アリとキリギリス」の比喩が示唆しているのは、陽と陰、勤勉さと優雅さ、計画性と即興性という異なる特徴が、それぞれの国の強みを形成しているということです。日本の持つ勤勉さと計画的な姿勢は、社会の安定と発展を支える大きな力となり、一方でイギリスの即興的な楽しみや芸術的な深みは、自由な発想や創造力を育む土壌を提供しています。

日本は東洋文明の象徴であり、イギリスは西洋文明の象徴と言えます。両国は、歴史的背景や文化的特徴が大きく異なりながらも、それぞれに強い影響を与えてきました。

この二つの国の特性は、物質文明から精神文明への移行という現代の大きな変化において、重要な意味を持つと考えられます。

今、わたしたちは物質文明の時代から精神文明へと移行しつつあります。この過渡期において、物質的な成功を追求する時代から、精神的な豊かさや調和を求める時代への移行が進んでいます。この過程で、日本とイギリスという二つの国の象徴的な特徴は、異なる文明観や価値観を反映するものとして、これからの世界においてどのように活かされていくのかが問われるでしょう。

物質文明の終焉を迎え、精神文明が本格的に台頭する中で、アリのように勤勉さと計画性を重んじる日本の姿勢と、キリギリスのように即興性と自由を愛するイギリスの精神が、相互に補完しあい、より高次の文明へと導いていく可能性を秘めているのです。

イギリスと日本は、陰と陽のコントラストを象徴的に示している

日本の陽の世界　～太陽に恵まれた土地～

日本は「日の出の国」として知られ、太陽に照らされた豊かな自然環境を誇ります。南北に長い地形と四季の変化が、多様な気候と農業生態系を育んできました。特に日本

の温暖湿潤な気候は、稲作などの農業に適しており、古来から勤勉に働き続けるアリのような文化を支えてきました。

日本の地形もまた、この国の「陽」の性質を反映しています。山岳地帯から流れる豊富な河川は、湿潤な土壌を形成し、水田での稲作を可能にしました。さらに、降水量が豊富であることも、森林や田畑の繁栄に寄与しています。

イギリスは陰の世界：冷涼な大地

一方、イギリスの気候と地形は、日本とは大きく異なります。緯度が高く、冷涼（れいりょう）な海洋性気候に属するイギリスでは、成長期が短く、農作物の種類も限られています。特に土壌が石灰質であるため、酸性を好む作物の栽培には適していません。その結果、イギリスの農業は広大な牧草地や丘陵地帯を利用した大規模農業が主流です。この環境は、物静かで陰影に富んだ文化の形成にもつながりました。

日本は陽の世界：エネルギッシュな文化

日本の文化は、明るく活気に満ちています。祭りや伝統芸能、食文化には「陽」の性質が見られます。たとえば、日本の神道は太陽信仰を基盤としており、生命力や繁栄を象徴する要素が多く含まれています。また、日本の勤勉さや計画性は、社会全体を支える柱となっています。アリのようにコツコツと努力を重ねることが美徳とされ、その姿勢が経済や技術の発展を支えてきました。

イギリスは陰の世界：深みのある文化

一方、イギリスの文化は陰影に富み、深い思索を重視します。シェイクスピアの劇やゴシック建築、クラシック音楽には、静けさや奥深さが感じられます。霧に包まれた街並みや薄暗い天候も、こうした文化的特徴を支える背景となっています。

イギリス人のユーモアもまた、「陰」の特徴を反映しています。皮肉や風刺が効いた笑いは、内省的で観察力に富む特質を示しています。

このように、日本とイギリスの文化には、気候や地形、文化に基づく「陰」と「陽」の対比が鮮明に表れています。

これまでの人類史において、西洋文明は長い間、中心的な役割を果たしてきました。産業革命以降、科学技術の発展や合理主義的な価値観が世界を支配し、「陰」の象徴とも言える深い思索や静かな探求の時代を築いてきたのです。しかし、その一方で、この偏重した「陰」の時代は物質的な豊かさを追求する一方で、自然との調和や精神的な充足が軽視される側面もありました。その中で注目されるのが、東洋文明が持つ「陽」の力です。東洋文明は、自然との共生や調和を重視し、太陽のようなエネルギーと生命力を象徴します。日本の四季折々の文化や中国の陰陽思想、インドの精神哲学に見られるように、東洋は全体的なバランスと調和を追求してきました。
時代の流れとともに、これまで西洋が築いてきた「陰」の価値観が、東洋的な「陽」のエネルギーと融合し、新たな調和の時代を迎えるでしょう。それは物質と精神、技術と自然が一体となり、より持続可能で豊かな未来を築く基盤となるはずです。

天岩戸の奥から天照大御神が出て、陽の時代を開いた

陰と陽の関係は、決して対立するものではなく、お互いを補完し合う存在であることを忘れてはなりません。陽だけの世界はあまりにも眩しすぎて、人々はその光に目を閉じざるを得ませんし、逆に陰だけの世界は暗く、前に進むことができなくなります。晴れと雨が交互に訪れるように、陰と陽がバランスを取ることで、社会や自然は調和を保ち、成り立っています。

この陰陽のバランスは、わたしたちの社会においても重要な教訓をもたらします。日本の「陽」を象徴する特性、すなわち勤勉さ、計画性、そして規律は、持続可能で安定した社会を築くための強固な基盤を提供します。勤勉さや努力によって物事が着実に進んでいくという価値観は、社会を支える土台となり、将来にわたる繁栄を築く力となる

でしょう。

一方で、イギリスが象徴する「陰」の特性である、その陰影に富んだ文化や深い内省的な視点は、創造性や新しい価値観を生み出す源となります。イギリスの文化や文学は、物事の深層を掘り下げることを重視し、感情や知識、芸術に対する独自のアプローチを示しています。この「陰」の精神は、革新的な発想や思索を促進し、社会の変革をもたらす力を秘めています。

しかし、これまでの社会の中で、わたしたちは「陰」の時代に偏り過ぎていたとも言えるでしょう。物質的な成長や効率性を追い求めるあまり、精神的な豊かさや調和が置き去りにされてきたのです。現代社会においては、この**「陰の時代」の終焉**とともに、バランスを取るための新たな時代が求められています。それが**「陽の時代」の開始**、すなわち日本発祥の新たな時代の到来であると、天照大御神はわたしに伝えたのです。

天照大御神が天岩戸から出現したのは、まさに陽の時代の始まりを告げる瞬間でした。彼女が岩戸から出ることで、世界に光が差し込み、闇が払われ、生命が再び活気づくように、今、わたしたちは新たな時代への扉を開けるべき時に来ているのです。陽の時代とは、物質と精神、効率と調和、技術と人間性が共存し、相互に補完し合う世界の到来を意味します。それは、日本がその文化的特性を活かし、世界に新たな価値をもたらす時代の到来を示唆しているのです。

日本の文化が世界から脚光を浴びる時代が到来する

近年、先進国において移民問題が大きく取り上げられるようになっています。世界がますますグローバル化し、経済や文化が国境を越えて融合していく中で、移民問題は避けて通ることのできない課題となっています。特に先進国では、これまで築いてきた経済的繁栄や社会システムを維持しながら、他国からの移民や多様な文化をどのように受け入れていくのかが問われています。そもそも、先進国と途上国の間に存在する経済的・社会的格差を生み出した大きな要因は、資本主義の過度な発展にあるといえるでしょう。

資本主義は、人々の生活を豊かにし、技術革新を促進する一方で、利益を追求する過程で経済格差を生み出してきました。富が一部の人や国に偏り、途上国では貧困や教育の機会が限られ、多くの人々が先進国への出稼ぎや移住を選ばざるを得ない状況が生まれています。この現実を無視し続けることは、先進国自身の持続可能な未来にも影響を及ぼすことになるでしょう。

その一方で、時代は新たな波動を生み出しています。それは、「お互いに多様な文化を分かち合おう」という意識の高まりです。多くの人々が自国だけでなく、異なる文化や価値観を尊重し、共生する道を模索し始めています。こうした意識の変化は、観光や交流を通じて目に見える形で進んでいるのです。

たとえば日本は、ここ数年で観光立国として大きな成長を遂げました。特にアジア諸国や欧米からの観光客が飛躍的に増加し、日本各地の観光地はにぎわいを見せています。彼らは日本の文化や生活様式に触れ、一様にこう語ります。

「日本は素晴らしい国だ。また来たい」「わたしたちも日本を見習わなければならない」

日本がこれほどまでに評価される理由は、単に経済的な発展だけではありません。自然と共存しながら暮らす日本の伝統的な文化や、おもてなしの精神、そして細部にまで気を配る日本人の姿勢が、世界中の人々に強い印象を与えているのです。

こうした状況の中で、日本文化が世界に広がっていく未来が見えています。たとえば、茶道や華道、書道といった伝統文化は「心を落ち着け、自分自身と向き合う時間」を提供し、ストレス社会に生きる現代人に新たな価値観を提示しています。また、和食はその健康的で美しいスタイルが注目され、ユネスコ無形文化遺産にも登録されるなど、世界中で愛されるようになりました。

さらに、日本独自の技術やライフスタイルも世界に影響を与えています。日本が培ってきた「自然との調和」や「無駄を省く精神」は、地球全体が直面している環境問題や資源不足に対する一つの解決策となる可能性を秘めています。

第十一章　変革の時代にあなたはどう生きていくべきか

陽の時代であり、精神の時代でもある新しい時代への移行に際し、わたしたちは、生き方を再認識する必要があります。かつては「安定した職に就くこと」「国の後ろ盾をあてにすること」「長いものに巻かれること」が常識でした。しかし、現在では、給料や安定した未来よりも「自分が本当にやりたいこと」「余暇や自由な時間を優先すること」「心から世のため人のため自分のためと思えること」を重視する人々が増えています。これは、価値観が劇的に変化している証左であり、社会全体に新たな風を吹き込んでいます。さらに、企業や組織に属さず、自らの道を歩み始める人々も増えてきました。個人事業主として独立する人や、株式会社を設立する人々も増加しており、これまでの常識が徐々に変わりつつあります。社会での地位や役職を確立することで得られる安心感が、今や過去のものとなりつつあるのです。

こうした自由を求める動きの中で、わたしたちは個人主義を強調しながらも、その自由が逆にわたしたちを依存させ、他者や大きな力に支配される状況に陥っています。どういうことかと言えば、自由を手に入れるために、社会全体がそれを支える仕組みを作り、その結果、政府や大きな組織に対する信頼や依存が深まり、気づかぬうちにわたしたちは自分の力で物事を決めるよりも、外部の権力に依存するようになっているのです。**たとえば、特定の政治家や有名人に関する報道が過度に行われると、わたしたちの関心も自然とその方向に引き寄せられます。メディアはわたしたちの関心を操作する力を持っており、わたしたちはそれに無意識のうちに従ってしまうのです。**これも、情報の自由を求める社会において、逆にわたしたちが「情報に依存」する状態に陥っている一例です。

わたしたちは「自由」を本当の意味で理解し、実現するために、自分の意識や行動を改めて見つめ直す必要があります。他人が作った枠組みの中で自由に生きるのではなく、自分自身が本当に望むことを見つけ、それに基づいて行動することが、現代社会を生き抜き、本当の自由と幸福を得るための解決策となるのです。

会社を辞め、独立を希望する「ある人」からの相談

かつての日本社会では、安定した企業に就職することが「最も幸せな選択肢」と考えられ、長らくその価値観が支配してきました。親方日の丸的な考え方が浸透し、また「上司に従う」「権力にすがる」といった行動が社会の常識となっていました。しかし、

現代においてその時代は確実に終わりを迎えつつあります。社会の構造や価値観が急速に変化する中で、これまでの「安定」という概念は過去のものとなりつつあります。

最近、わたしのもとにもそうした変化を求める相談が増えてきています。その中で、先日、ある人から**「会社を辞めて自分の時間を大切にし、やりたいことを優先したい」**との相談を受けました。わたしはその人にこう答えました。「あなたが変わりたいと感じたこと、それが何よりも大事です。**その『変わりたい』という気持ちが芽生えた時点で、もう誰にも止めることはできません。**これからは、理屈ではなく、エネルギー（波動）が支配する時代がやってきます。もちろん、最初のうちは試練もあるでしょうが、それは新しい道を切り開くための『生みの苦しみ』に過ぎません。理屈に頼るのではなく、直感を信じてみましょう。そして、変化に柔軟に対応し、楽しむことを忘れないでください。エゴと直感は異なります。エゴに振り回されず、あなたの本心をしっかり見つめ、その声に従うことが大切です。**その内なる声の正体は『高次元のあなた』です。**必ず、あなたのハイヤーセルフ（高次の自己）からの導きがあるはずです。頑張ってください。応援しています。」

現代において、給料や安定した生活よりも、今この瞬間における「幸せ」を追求することが新たな価値観として注目されています。これは、精神的な自由を求める動きでもあり、一方で物質的な安定を超えて、自己の内面と調和し、真の満足を得ることが重要視されるようになっています。これからの時代、人々は社会に依存するのではなく、自らの力で生きることが当然となり、そのための方法を模索していく時代がやってきています。これまでの価値観から脱却し、自分自身の力で生きることを選択することは決して簡単な道ではありません。しかし、それこそが未来に向けて真に価値のある生き方であり、精神的な自由を手に入れるための重要なステップであると言えるでしょう。

縦社会の崩壊　～組織運営が難しくなる～

これまでの日本社会において、「縦社会」すなわち、上司と部下の明確な上下関係は、組織や企業内で非常に強い影響力を持ち続けてきました。上司は部下に対して指示を与え、部下はそれに従うという構図が社会の常識として確立されていたのです。しかし、近年、この従来の縦社会の構造が急速に崩れつつあります。

特に若者たちの態度には顕著な変化が見られます。たとえば、従来ならば上司からの指示で参加が義務付けられていた飲み会や社交行事に参加しない若者が増えていることが、その象徴的な例です。以前ならば、上司からの命令に従うことが当たり前のこととして受け入れられていましたが、今ではその価値観に疑問を持ち、自分自身の判断で行動する人々が増加しています。この現象は単なる部下が上司に従わないという問題にとどまるものではなく、社会全体における新たなパラダイムの変化を示唆しています。

この変化は、もはや個別の組織内にとどまらず、業界内や国家の枠を超えた広がりを見せています。若者たちは、従来のように権力や支配に依存する従来型の社会構造に対して、明確な疑問を持ち始めているのです。組織内であれ、業界内であれ、国家の枠組みであれ、誤った指導や命令に従いたくないという意識を持つ人々が、今後ますます増加することでしょう。

このような変化は、単なる反発や不満の表れではなく、むしろ横社会の形成を象徴していると言えます。縦社会の関係性に代わって、より対等で協力的な関係を重視する新たな社会の兆しが見え始めているのです。企業や組織、さらには国の運営においても、この新しい価値観が浸透することで、より柔軟で多様性を尊重した社会システムが構築されることが期待されます。

このような社会の変革には試練も伴うでしょうが、権威に依存しない横社会の構築こそが、今後の社会にとって不可欠な要素となることでしょう。

横社会の拡大　～個々の力が強くなる～

これからの時代では、人々が自分自身の意志で選択し、行動することが当たり前となるでしょう。個々の価値観や目的に基づいて行動することが、社会全体の新たな常識となるのです。

この変革を後押しする要因の一つが、ＳＮＳなどのインターネットを通じた意見交換の活発化です。ＳＮＳの普及により、わたしたちは地理的な制約を越えて情報を共有し、共感することができるようになりました。このようなコミュニケーションの場は、個々の意識の変革を促進し、より自由で開かれた社会へと向かわせています。人々が自分の意見や考えを発信し、他者と積極的に議論し合うことで、社会全体の意識が成長し、個々の力が強化される時代が訪れています。

その中で、わたしたち一人一人が自分自身の力を信じ、自分の道を切り開いていくことが、今後ますます重要となります。このような社会では、権力に依存することなく、自分の能力で生きていける自信を持つことができるようになります。自己信頼を基盤に、他者と協力し合い、調和をもたらす社会を築くことが可能となるのです。それは、まさに宇宙からの叡智やエネルギーが降り注ぎやすくなる時代の到来を示しています。

この変化の根底にあるのは、人間の生命や振動数が、従来の権力構造に依存した限界を超え、より高い波動へと進化し始めているという事実です。従来の枠組みに縛られることなく、わたしたちはより自由で自立的な生き方を追求することができるようになっています。この進化は、まさにみずがめ座の「個の時代」を象徴しており、個人がその本質を発揮し、互いに支え合いながら成長していく社会が形成されつつあるのです。

時間と空間と重力の制約からの解放

わたしたちがこれまで抱えてきた最も大きな制約は、時間、空間、そして重力という三つの束縛でした。過去の出来事は固定されており、未来はまだ見えないものとして、わたしたちの意識を縛ってきました。また、空間的には、自分が今いる場所にしか影響を与えられないという限界を感じ、それが人間の存在を制限する感覚を生んでいました。しかし、これらの感覚もまた、急速に変化しつつあるのです。

量子力学が明らかにしたように、**時間は必ずしも一定ではないという事実**が示され、**時間の流れ自体がわたしたちの認識の中で柔軟である**ことが分かっています。この理解により、従来の固定的な時間観や空間観が崩れ、わたしたちは新たな次元での自由を手に入れる可能性が開かれつつあります。時間と空間という制約から解放されることによって、人間の意識は飛躍的に進化し、より広い視野で未来を創造することができるようになるのです。

もしも時間と空間が束縛する枠組みを超越できるのであれば、わたしたち個人の存在も無限の可能性を持つことになります。わたしたちの意識は、今や過去と未来を単に直線的に追い求めるものではなく、時空を超越した広がりを持つものとして進化していくでしょう。これにより、個人は自分の未来を自由にデザインし、過去に縛られることなく、自分の意志で新たな現実を創造していくことができるようになります。空間を自由に使い、物理的な制限から解放された状態で、より豊かな経験が可能となるのです。

さらに、この変化は社会全体にも影響を及ぼします。過去に固定された価値観や社会構造は、常に変化し進化し続けるものとして認識されるようになるでしょう。わたしたちが権力や支配に依存するのではなく、個々の自由と自立を尊重する社会へと移行する過程が始まっているのです。この社会では、個人一人ひとりがその本質的な力を発揮できるようになり、調和と共生が重要な価値として浮上します。結果として、過去の枠組みから解放された新しい社会が誕生し、わたしたちの意識と行動もそれに伴って進化していくことになるでしょう。

本当の自分を取り戻す　～エゴを超えて～

現代社会において、わたしたちはしばしばエゴや固定観念に縛られ、真の自分を見失いがちです。**わたしたちが「自分」として捉えている存在は、しばしば脳が作り上げた、社会の枠組みや常識に従った思考に過ぎません。**しかし、この思考が示すものは、本当の自分ではないのです。社会的な役割や外的な期待に応えようとするあまり、本来の自分を押し込めてしまっているのが現代人の現実です。

本当の自分とは、わたしたちが無意識のうちに忘れてしまった、宇宙の叡智とつながった存在です。エゴとは、自分を他者や環境と比較し、限られた枠の中で認識しようとする意識です。しかし、エゴが支配する世界から解放されることで、わたしたちは真の自由を手に入れることができます。それは、過去のしがらみや外部の期待に縛られず、内なる声に従い、自分自身の本質を生きることです。この解放の過程で、わたしたちは再び「自分らしさ」を発見し、より高次の次元で生きることが可能になります。

エゴを超え、内なるハイヤーセルフと繋がることによって、わたしたちは宇宙の叡智と調和し始めます。この調和の中で、わたしたち一人一人の持つ可能性は飛躍的に拡大し、未来を自らの手で切り開いていく力を得るのです。今、わたしたちが生きる時代は、従来の上司に従い、権力に依存する社会構造から、自由で自立した個々の力を尊重する社会への進化を遂げようとしています。

このような変化がもたらす社会は、単に権力や立場によって支配されるものではなく、個々人が自分自身を深く理解し、宇宙の叡智を受け入れ、真の力を発揮できる社会です。わたしたちは、自己の力を信じ、自由に生きる時代に突入しています。この時代において、人々は内なる声に従い、心の平安と調和を求めながら、自分自身を表現していくことが求められます。

また、これからの社会は、縦社会から横社会へと移行しつつあります。従来の上下関係に依存せず、価値観やビジョンを共有する人々が集い、協力し合う時代が訪れます。こうした変化の中で、個々が自由に生きることができる世界が次第に築かれていくのです。そして、この自由な社会において、わたしたち一人一人が真の自分を取り戻し、エゴを超越した自己表現を行うことができるようになるでしょう。

この変革は、社会全体の進化を促進するだけでなく、個々人の成長を促す力ともなります。エゴを超えた時、わたしたちはただの個人ではなく、宇宙と一体化した存在として、本来の自分を思い出し、自由な意識で創造的な未来を切り拓くことができるようになるのです。

精神の時代（陽の時代）は、楽で楽しい黄金時代

これからの精神の時代（昼の時代、陽の時代）が到来することにより、わたしたちの生き方や社会の構造は劇的に変わるでしょう。**２０２５年からさらに加速するこの新しい時代は、まさに楽しく、そして楽な黄金時代へと進化していきます。**テクノロジーの進展、特にＡＩやロボット技術の飛躍的な発展がその進化を加速させるのです。これまで人間が担ってきた仕事や役割は、ＡＩやロボットによって代替され、わたしたちが新たに取り組むべきは、**より創造的な活動や学びの深掘り**になります。この変化により、**人々は自分自身の本当にやりたかったことに集中できるようになり、より自由で充実した時間を持つことができるようになる**でしょう。

また、ベーシックインカムの普及により、経済的な負担が軽減され、生活の安定がもたらされると同時に、物質的な欲求から解放される人々が増えていきます。ＡＩによる分析は、経済の安定的な成長を支え、社会全体に新たな可能性をもたらします。これにより、**従来の経済競争の枠組みは崩れ、競争の概念そのものが大きく変わるのです。経済的な奴隷状態、すなわちお金による支配は過去のものとなり、経済的なヒエラルキーも徐々に崩壊していきます。**

この変化に伴い、競争の形も根本的に変わります。これまでの「相手を負かす」ことが目的の競争から、相手を感動させ、楽しませ、感謝され、手助けするという、よりポジティブで協力的な競争へと移行していくのです。これこそが、精神的な成長と調和を目指す新しい競争の形です。

物質主義が支配していた陰の時代（夜の時代）、争いの意識が強く、自己を証明するために他者との比較や競争が繰り広げられました。物や金、地位といった物質的なものに執着し、それらが価値の基準となっていたのです。しかし、精神の時代では、このような価値観が変化し、物質的な欲求（エゴ）から精神的な成長や人間関係の豊かさを重視する方向にシフトしていきます。

とはいえ、この変化は一朝一夕に訪れるものではありません。現在は移行期にあり、過渡的な混乱も伴うでしょう。また、すべての人々が新しい時代を歓迎するわけではなく、競争社会から創造の社会への移行を望まない人々も少なくありません。そのため、**人類の意識が一定以上に達しない限り、目に見える形でのユートピア（楽園社会）は実現しないと考えられます。**過渡期においては、様々な社会的・経済的な摩擦が生じることも避けられません。

それでも、精神の時代への移行は不可避であり、人類の大多数が物質の時代の意識を持ち続けている限り、新しい精神の世界には進むことができません。意識の進化こそが、精神の時代の到来を決定づける手がかりとなるのです。

これまで、政治、医者、芸能人、マスコミ、大企業などといった権威や権力に依存していた人々が、その意識を変革しなければ、精神の時代への移行は難しいと言えます。**精神の時代には、自立できない者は進むことができません。なぜなら、この世界はすべて原因と結果の因果律によって成り立っているからです。**

たとえば過渡的混乱の一つとして、**人口減少社会や多死社会**が挙げられます。なぜならば、地球は物質的な豊かさを追求した結果、人口増加を加速させ、地球環境を悪化させすぎたのです。これも一つの原因と結果の表れと言え、調和の精神世界に入る前の混乱期と言えます。

わたしたちは死なない存在であり、魂の成長に終わりはない

しかしながら、死を過度に恐れる必要はありません。なぜならば、**わたしたちは死なない存在だからです。**

人は、生命の最初において記憶を持たず、無一物の状態でこの世界に生まれてきます。何も持たず、知識も感情も、ましてや恐れもありません。これを仏教や哲学の概念で

「本来無一物（ほんらいむいちもつ）」と言います。赤ん坊が世界を見つめるその瞳には、何の先入観もなく、すべてが新鮮で、未知の冒険として映ることでしょう。人は、**この無垢な状態から、社会に出ていく中で様々な常識や価値観を学び、次第に自分という存在を形作っていきます。これらの常識は、時として固定観念となり、思考の枠を狭め、自己の可能性を縛ってしまうことがあります。**

人生を歩む中で、人は多くのことを学びますが、それと同時に感情や経験を積み重ねていきます。しかし、高齢になると、記憶力が衰え、物忘れが激しくなることがあります。それは身体的な変化の一部であり、最終的には脳細胞や身体細胞が次第に機能を失い、わたしたちの肉体は死に向かっていきます。**死は、すべての存在にとって避けられない終わりのように見えるかもしれません。**しかし、**魂は死ないのです。**

わたしたちが生きるこの世界において、死は肉体の終わりを意味しますが、魂の成長に終わりはありません。肉体が死を迎えると、魂はこの世界を離れ、あの世、すなわち黄泉（よみ）の世界に旅立ちます。そこで、**魂は自らの人生を振り返り、学んだことや未解決の課題を再認識します。そして、再び新しい人生を始めるために来世の計画を立てるのです。**時には、地球という星を離れ、別の惑星で新たな体験をすることもあります。

転生する魂たちの目的は、ひとえに魂の成長にあります。この地球に転生してくる魂たちは、何らかの成長を目指しているのです。その成長のために必要な経験や学びを得るために、わたしたちは肉体を持ってこの世界に生まれてきます。しかし、魂の成長に終わりはありません。魂の成長にはリセットという概念も存在しません。魂の成長は、たとえ肉体が死を迎えてもそのまま続くのです。最初からすべてをやり直すことは決してないのです。

自死を選んだ人の魂

魂は死を迎えるとき、そのレベルを次の人生に引き継ぎます。つまり、前世での経験や学びが、次の転生に影響を与えるのです。死後、魂は自分の人生を振り返り、どのように成長したのか、どこに課題があったのかを理解します。そして、その課題を解決するために、再び新たな人生を選びます。**決して最初から振り出しに戻るわけではないのです。わたしたちの魂はひたすら成長の道を歩み続けます。**

たとえば、自ら命を絶つという選択をした魂は、あの世でその選択を深く反省します。命を終わらせることで、未解決の課題や学びの機会を放棄してしまったことを後悔するのです。そして、その魂は再び地球に転生し、今度はより深い自己理解と自己肯定感を育むための課題を抱えて生まれ変わります。こうした経験を通じて、魂は成長し、次第に自らの存在を肯定できるようになっていきます。

カルマは罰ではなく課題

また、わたしたちが生きる中で背負う課題は「カルマ」と呼ばれます。カルマは、過去の行動や選択がもたらす結果であり、これを解消することが魂の成長において重要な役割を果たします。**カルマを解消するためには、わたしたちは人生において特定の課題に直面します。自らの魂がそれを望み、計画してくるのです。この課題を乗り越えることができなければ、次の人生でもその課題に再び挑戦することを望み、計画します。**

たとえば、過去に他者に対して深い傷を与えた魂は、次の人生でその人々と再び出会い、償いの機会を得ることになります。あるいは、愛情を与えることに恐れを感じていた魂は、次の人生で愛を学び、与えることができるように成長するのです。

このように、カルマは単なる罰ではなく、魂が成長するための重要なプロセスです。わたしたちはカルマを解消することで、より高いレベルの魂へと進化していくのです。

死は、わたしたちの肉体の終わりを意味しますが、魂にとっては新たなスタートの始まりです。死んだ人を「生前（生まれる前）」と表現するのも、そのような文脈からです。

魂は、死後にあの世で振り返り、次の人生を計画し、再び転生してきます。この永遠のサイクルの中で、魂は成長し、進化し続けます。人は生まれた時には無一物であり、社会に出ることで様々な常識を学びますが、それは時として自分を縛る固定観念に変わることがあります。最終的には、死を迎えることで、魂はその成長を振り返り、次の人生でさらに成長するための準備を始めるのです。

わたしたちがどんなに物質的な世界に執着し、肉体に囚われているとしても、魂は永遠であり、成長し続ける存在です。死という概念を恐れるのではなく、魂の成長という視点からその過程を見つめることが、わたしたちの生き方をより深く、豊かなものにしていくのです。

「天上天下　唯我独尊」、人間のみに与えられた使命

生きる目的や意味について考えるとき、わたしたちはしばしば物質的な成功や社会的な地位に焦点を当てがちです。しかし、実際に生きる意味や目的は、それらの枠を超えて広がっていることに気づくべきです。仏教の言葉に「天上天下　唯我独尊」という言葉があります。これは、お釈迦さまが花園で生まれたときに言われたとされています。『長阿含経（じょうあごんきょう）』に記されたこの言葉には、非常に深い意味が込められています。**お釈迦さまは、生まれてすぐに「天上にも地上にも、ただ我一人が尊い」と宣言し**

たとされています。この言葉は、お釈迦さま自身を指すのではなく、**すべての人間が尊い存在であることを意味しています。つまり、この広い宇宙の中で、わたしたち一人ひとりが貴重で重要な存在であるというメッセージが込められているのです。**

では、なぜお釈迦さまは生まれてすぐにこのような言葉を発したのでしょうか？　それは、**人間には他の動物にはない「自我（エゴ）」と「自由意志」が与えられているからです。**この自我と自由意志によって、わたしたちは人間社会の倫理、法律、文化、文明などを形成してきました。これからは、何を成し遂げ、どのように世界に貢献するのかを選び、追求していくことが求められます。それこそが「天上天下　唯我独尊」のメッセージに通じる部分だと考えます。すなわち、人間には果たすべき大事な使命があり、その使命がわたしたちを尊い存在にしているのです。

では、あなた自身の使命は何でしょうか？　「天上天下　唯我独尊」の言葉は、あなたにとっても問いかけです。自分の使命が何であるか、どうすればこの世界に貢献できるのか、それを考え続けることが、人生の意義を深める第一歩となります。

第十二章　時間とわたしの哲学

アインシュタインの「特殊相対性理論」と時間の概念

では、「死」が肉体死（細胞死）であり、魂に終わりはないとした場合、時間はどのように流れているのでしょうか？

わたしたちは、時間を絶対的で動かしようのないものと信じて生きています。時計の針が刻むリズムや日の出と日の入りの規則的な変化が、時間を一定と錯覚させます。しかし、科学の世界では、時間が一定ではないという事実が明らかにされています。

ニュートン力学（古典物理学）では、時間は絶対的なものとして扱われました。すべての現象は、一定のリズムで進む時間の中で動いているという考え方です。しかし、20世紀初頭に登場したアインシュタインの特殊相対性理論は、この絶対的時間観を覆したのです。**アインシュタインの特殊相対性理論**は、わたしたちの時間観に根本的な問いを投げかけます。それは、**「時間は一定ではない」**という驚くべき事実を示しているのです。

20世紀初頭、アルベルト・アインシュタインは特殊相対性理論を提唱し、時間と空間が固定された絶対的な存在ではないことを示しました。この理論の核心にあるのは、光の速さが観測者の運動状態にかかわらず一定であるという驚くべき事実です。

特殊相対性理論が導く結論の一つが**「時間の遅れ（タイムディレーション）」**です。この現象は、ある物体が非常に高速で移動すると、その物体上の時間が外部の観測者にとって遅く進むように見える、というものです。この効果は、光の速さに近づくほど顕著になります。

特殊相対性理論の中で時間の遅れを表現するには、**「ローレンツ因子」**を用います。たとえば、**光速の99％で移動する宇宙船内では、地球での7年に対し、宇宙船内では1年しか経過しないことになります。**これはまるで、**宇宙船が未来への「時間の近道」を通ったような感覚**をわたしたちに与えます。

実験的証拠とタイムトラベルの可能性

時間の遅れは理論だけでなく、実際の実験でも確認されています。たとえば、高速で運行するジェット機内の時計は、地上の時計に比べてわずかに遅れることが観測されています。また、宇宙空間で長期間過ごす宇宙飛行士も、わずかながら未来へ進んでいると言えます。

もし現在の技術で光速の約99％に近い速度を達成できればどうなるでしょうか？ たとえば、**宇宙船内で5年間過ごした後に地球に戻ると、地球では約35年が経過している可能性があります。**この現象は、一種の**「未来へのタイムマシン」**とも解釈できます。

ただし、過去へのタイムトラベルは依然として理論的・技術的な限界があります。未来の科学技術が進歩すれば、光速に近い速度で移動する宇宙船が現実のものとなるかもしれません。その場合、時間の遅れを利用した長期的な宇宙探査が可能になります。たとえば、ある星系へのミッションを高速で遂行し、地球時間で100年後に戻ってくることが技術的に可能となるかもしれません。

また、量子力学や一般相対性理論との融合を目指す**「量子重力理論」**では、時間そのものの本質がさらに深く探求されています。一部の理論では、時間は空間と同様に**「量子化」**されている可能性が示唆されています。

量子力学が描く時間の不確定性

量子力学の核心にある概念の一つは**「不確定性原理」**です。この原理は、物理的な量が同時に厳密に測定できないことを示しており、エネルギーと時間もその例外ではありません。特に、非常に短い時間スケールにおいて、エネルギーの変動が許されるという特徴を持ちます。これは、通常の物理学の常識とは異なり、極めて微細な時間単位でのエネルギーの不安定性が存在することを意味します。

たとえば、エネルギーと時間の関係において、**エネルギーの揺らぎ（フラクチュエーション）**が瞬間的に発生する現象が観察されます。これを説明する上で非常に重要なのが**「仮想粒子」**の存在です。仮想粒子とは、非常に短い時間の間だけ現れ、瞬時に消える粒子です。これらの粒子は、エネルギーの揺らぎに基づいて現れ、また消えるため、**物理学的に「実体を持たない」**とされていますが、その存在が時間の不確定性を強く示唆しています。

量子力学におけるこの現象は、時間が一方向に進むもの、すなわち固定的で線形なものではなく、流動的で不確定な性質を持つことを示しています。たとえば、仮想粒子が現れる瞬間において、その存在が物理的な影響を与えることもありますが、それがどのような影響を与えるかは時間的な不確定性によって予測することはできません。このような観点から、量子力学は「時間」や「因果関係」に関するわたしたちの直感に反する、新しい理解を提示しています。

さらに、このエネルギーと時間の不確定性原理は、宇宙や物理的現象の多くにおいて**「瞬間の存在」**を重要な要素として取り入れることを求めます。たとえば、ビッグバンのような極端な物理状態において、時間や空間自体が量子力学的な揺らぎに影響され、いわば「時間が流れる」という概念が単純に適用されるわけではないことが示唆されるのです。

このように、量子力学が描く「時間の不確定性」は、わたしたちが物理世界を理解するための枠組みを根本的に変える力を持っています。時間そのものが揺らぎ、不確定であるという考え方は、現代物理学が直面する最も挑戦的かつ興味深い問いの一つとなっています。

量子場理論と時空の融合

量子場理論は、物理学の現代的な枠組みの中で、時間と空間が一体となって扱われる理論です。この理論は、特殊相対性理論と量子力学の融合を目指したものであり、時空そのものを相対的かつ動的な存在として捉えています。つまり、時間と空間は絶対的な背景ではなく、物質やエネルギーと相互作用しながら変化するものとして理解されます。

たとえば、エネルギーが最低の状態にある「真空状態」でさえ、完全な静止や不変な時間が存在するわけではなく、量子場における微細な揺らぎが時間にも影響を与えています。これらの揺らぎは、わたしたちが普段考えるような「静止した時間」とは異なり、時間が絶えず動的に変化していることを示しています。つまり、真空とはエネルギーが最も低い状態にあるものの、その中でエネルギーの瞬間的な変動が続いており、その影響は時空の構造自体にまで及んでいるのです。

量子場理論において、時間と空間は単なる背景の枠組みとしてではなく、相互に関係しあって動的に変化する要素として描かれます。これにより、物理学における「時間」という概念が従来の直感とは大きく異なる新しい理解を要求することになります。たとえば、時間が空間と共に変動するという概念は、わたしたちが直感的に持つ「時間は一方向に流れ、普遍的で不変なもの」という理解を根底から覆すものです。

また、量子力学と一般相対性理論を統合しようとする試み、いわゆる量子重力理論は、時間に関する新たな理解をもたらす可能性を秘めています。これらの理論は、宇宙の基本的な構造や力の働きがどのように相互に作用するかを探るもので、特にブラックホールやビッグバンのような極端な環境下での時間の振る舞いを解明しようとしています。たとえば、ブラックホールの内部では、時間と空間が極端に歪んだ状態で、従来の物理法則が通用しなくなることが示唆されています。量子重力理論は、このような極限的な状況における時間の挙動を解明する手がかりを提供してくれるかもしれません。

さらに、**ループ量子重力理論では、時間が従来の連続的な流れとしてではなく、最小単位を持つ離散的な性質を持つと提案されています。**この「量子化された時間」という概念は、**時間が単なる連続的な流れではなく、不可分な単位で構成されている**とするもので、古典的な時間観を根本から覆すものです。たとえば、**もし時間が量子化されているなら、わたしたちが経験する時間の流れは、極微のスケールでは切れ目のある動きである可能性がある**というわけです。このような理論が成り立つなら、時間の流れそのものが物理学的にどのように理解されるかについて、これまでの概念を超える新しい枠組みを提供することになるでしょう。

一部の理論では、時間が宇宙全体の基本的な方程式においては含まれていない、あるいは時間が単なる現象の一部に過ぎない可能性が指摘されています。つまり、わたしたちが普段「時間」として経験しているものは、実際には宇宙の根本的な性質とは異なるもので、物質やエネルギーの相互作用によって現れる一時的な現象に過ぎないという見解です。この仮説は、時間という概念があまりにも深い次元で理解され、わたしたちの意識の枠組みでは捉えきれないようなスケールでの時間の振る舞いを示唆しているとも言えます。これが示すのは、時間自体が宇宙の基礎的な構造に必ずしも組み込まれていないという可能性であり、従来の「時間は不可欠なもの」という概念に対する大きな挑戦です。

このように、**量子場理論、ループ量子重力、時間の量子化、そして時間の消失に関する理論**は、いずれも時間に対するわたしたちの根本的な理解を再構築するための重要な鍵を握っています。時間をどのように捉えるかは、物理学の未来を切り拓く最も重要な未解明の課題の一つであり、これを解明することができれば、わたしたちの宇宙や存在に対する理解が飛躍的に進展することは間違いありません。

わたしたちの主観が作り出す「時間」

量子力学が示す時間の揺らぎは、わたしたちが日常的に感じる時間の主観性と驚くほど共鳴します。たとえば、楽しい時間はまるであっという間に過ぎてしまうように感じ、逆に退屈な時間は異常に長く感じられます。この主観的な時間の流れは、わたしたちの意識がどのように時間を認識しているかに大きく依存しているのです。量子力学における「時間の揺らぎ」が示唆するように、時間は絶対的に流れているわけではなく、わたしたちの内的な状態や外的な状況に強く影響されるものだと考えられます。

この観点は、時間に対する哲学的な考察にも深く関連しています。もし時間が絶対的に一定ではないとするならば、**「わたしたちはどのように時間を感じ、認識しているのか？」**という問いが浮かび上がります。たとえば、ある瞬間において、同じ60秒でもその時間をどれだけ「長く」または「短く」感じるかは、わたしたちの心理的、感情的な状態によって大きく異なります。このように、時間の流れを感じる能力が、わたしたちの精神状態とどのように結びついているのかを考えることは、深い哲学的問いであり、また個人の内面的な成長にも直結するテーマです。

たとえば、急いでいるときやストレスを感じているときには、時間が足りないと感じることが多い一方で、リラックスしているときや楽しんでいるときには、時間が無限にあるように感じることがあります。このように時間は、ただの物理的な現象としてではなく、わたしたちの意識と密接に絡み合っているものなのです。科学的なアプローチだけでなく、時間に対する哲学的なアプローチがわたしたちに新しい視点をもたらすかもしれません。

時間が一定でないことを理解することで、わたしたちの日常的な感覚にも新たな視点が生まれます。「今」という瞬間がいかに貴重であるか、また、時間の流れをどのようにコントロールすることができるかという哲学的な問いが湧いてきます。たとえば、**わたしたちが「今ここ」に集中することで、時間の感覚を変えることができるという考え方です。**瞑想や深い集中の中で、「時間が歪む」ように感じる瞬間を経験したことがある人も多いでしょう。この感覚は、量子力学的な不確定性や揺らぎとも関連している可能性があります。時間が絶対的に流れているわけではなく、わたしたちの内面の状態によって時間が「感じられる」ように変化するという見方は、量子力学的な観点とも相通じるものです。時間の速さが一定でないという事実は、わたしたちに科学的な驚きを与えるだけでなく、人生観や価値観にも大きな影響を与えます。時間は単なる物理的な現象ではなく、愛、成長、変化、そして未来への希望を象徴する重要な存在であると同時に、わたしたち自身の存在を深く反映するものでもあります。時間という概念を深く探求することは、自己理解を深め、わたしたちがどのように生き、成長し、変化していくのかという問題にもつながります。

このように、量子力学が示す時間の柔軟性と、わたしたちの主観的な時間認識を融合させることで、わたしたちは時間を自在にコントロールできる可能性さえ秘めているのです。時間を「感じる」方法を変えることができれば、人生の質は大きく向上し、より豊かなものになることでしょう。

仏教の教え「諸行無常」が示す真理

仏教において、時間という概念は単なる人間の認識に過ぎない可能性が示唆されています。実際、**自然界で観察されるのは「変化」そのものであり、時間はその変化を表すための便宜的な枠組みに過ぎない**という解釈がなされています。時間は、事象や出来事の連続を測るための尺度として理解されてきましたが、仏教的な視点から見ると、時間そのものが実体を持つものではなく、あくまで人間の心の中で作り出された概念に過ぎないという考え方が浮かび上がります。この視点は、時間が絶対的で固定的なものではなく、常に変化するものだという見解を強調しています。

仏教の**「諸行無常（しょぎょうむじょう）」**という教えは、この世界のあらゆるものが常に変化し続けているという真理を示しています。物質的な世界だけでなく、精神的、感情的な状態もまた絶え間ない変化の一部であると説かれています。たとえば、自然界における周期的な変化は、仏教の教えにおける無常の象徴です。四季の移ろい、夜から朝へと続く時間の流れ、そして生と死の循環など、これらすべてが無常の一部として捉えられます。これにより、**わたしたちは物事や現象を一時的なものとして捉え、執着を避けることが奨励されます。**

この「諸行無常」の教えは、わたしたちの感情や思考に対しても適用されます。たとえば、怒りや悲しみ、喜びといった感情も、時間とともに変化し消えていくものです。感情の変化を受け入れることは、精神的な安定に繋がり、苦しみを和らげる助けとなります。仏教の修行では、感情や思考の一過性を理解し、それに過度に影響されないようにすることが重要とされています。

たとえば、川の流れを見てください。同じ川に足を入れても、次の瞬間にはそこにある水は全く異なるものになっています。このように、物事は常に変化し続け、同じ状態が保たれることはありません。仏教はこれを「縁起」の視点から説明します。すべての事象は原因と条件によって生じ、やがて形を変え続けていくという考え方です。川の水のように、**わたしたちの経験や存在も絶え間ない変化を繰り返しています。ある瞬間には幸せを感じ、また次の瞬間には別の感情が生じるように、すべてのものが動き、変わり、そして消えていくのです。**

この**「変化」こそが、時間を超えて存在し続ける真理であり、仏教はそれを「無常」として教えています。**時間というものが存在するのではなく、ただ変化があるだけである。これは、わたしたちが持っている「時間」の捉え方を大きく変える核心となるでしょう。もし、時間を不変で絶対的なものと考え続けていたとしたら、変化の中で生じる痛みや苦しみに対して抵抗を感じるかもしれません。しかし、変化こそが自然であり、それを受け入れることで心の平安を得ることができるのです。

この視点を日常生活に適用することで、わたしたちは「今」という瞬間をより深く味わうことができるようになります。たとえば、仕事や人間関係におけるストレスや不安も、無常の教えをもとに考えることで、「これは一時的な感情であり、永遠には続かない」という認識を持つことができます。この認識が、心を軽くし、過度な執着を減らす助けとなります。

仏教における「諸行無常」は、単なる哲学的な命題にとどまらず、わたしたちの生き方そのものを形作る重要な教えです。無常の理解を深めることによって、わたしたちはより自由に、そして柔軟に変化を受け入れ、人生を豊かに生きることができるのです。

エントロピーと変化の法則

エントロピーとは、物理学において**「系の無秩序さ」**を表す指標であり、**熱力学の第二法則**に基づいています。この法則によれば、閉じた系ではエントロピーは時間とともに増加し続けるという傾向があります。具体的には、エントロピーは**「秩序から無秩序へ」**と進んでいく方向性を示しており、これが時間の矢、つまり「時間が一方向に進む理由」として理解されることがあります。時間の流れは、物理的な状態の変化を観察することでその方向性を知覚できるため、エントロピーの増大が時間の進行を示す象徴的な指標となるのです。

たとえば、コーヒーにミルクを注いで混ぜるという行為を考えてみましょう。この瞬間、コーヒーとミルクが完全に混ざり合い、元の状態（ミルクとコーヒーが分かれていた状態）に戻すことはできません。これはエントロピーの増加による「不可逆性」の典型的な例です。この例では、コーヒーとミルクが一体化する過程が、無秩序を増し、元に戻すことができない変化として捉えられます。ことわざでは「覆水盆に返らず」という言葉があります。この不可逆的な変化が、エントロピー増加の一つの現れであり、時間が進む中で物理的な変化が避けられない方向に向かうことを示しています。

しかし、ここで重要なのは、この現象を「時間の経過」と呼ぶべきかどうかという点です。エントロピーの増大は確かに変化を示しますが、時間そのものを指し示すものではありません。エントロピーは物理的な「変化」の尺度として考えられるため、時間の流れを示すための単なる指標として利用されていると言えます。つまり、「時間が進む」という概念は、わたしたちが変化を観察することによって成立する認識に過ぎないのです。

この視点をさらに掘り下げて考えてみましょう。もしエントロピーの増大が時間の矢を決定づけるのであれば、わたしたちは実際に「時間が進んでいる」という実感を得るのではなく、「変化が進行している」という感覚を持つことになります。物事の状態は時間を超えて常に変化し続け、その変化の一方向性が「時間」という概念を成り立たせているのです。

たとえば、映画を観るときを考えてみましょう。映画の中でのストーリーが進行するに従い、登場人物や状況は変化し、最終的には結末に至ります。この変化は時間を基盤として進行するように見えますが、実際には映画の中の出来事が進展し、結果としてその変化が一方向に進むために「時間が経過している」と感じるのです。映画のストーリーがエントロピーの増大のように無秩序に進行する一方で、わたしたちの認識はその進行を「時間の経過」として解釈しています。

さらに、エントロピーの増加は生物学的な現象や社会的な変化にも見られます。人間の生老病死、または文明の発展や衰退もエントロピーの増加の一形態として捉えることができます。生物の成長と老化の過程、社会の技術革新や環境への適応も、時間とともに進行する「変化」の一部であり、その背後にはエントロピーの増大が隠れています。このように、エントロピーの増加は物理的な現象だけでなく、生命や社会における変化の普遍的な法則とも言えるでしょう。

エントロピーと時間の関係を考えるとき、わたしたちが直面するのは「変化の法則」の普遍性です。時間はわたしたちの認識の中で感じ取られるものであり、実際には変化そのものが時間を形成していると考えられるのです。この理解が進むことで、物理的な世界とわたしたちの時間観に対する新たな認識が生まれるでしょう。

宇宙の膨張と時間の錯覚

宇宙は誕生以来、膨張し続けています。この膨張は加速しており、遠い未来には宇宙が冷たく、暗い「熱的死」を迎えると予測されています。これは、物質とエネルギーが均等に広がり、もはや星々や銀河が形成されることがない状態を意味します。この壮大な変化を「時間が進んでいる」と解釈するのは、果たして本当に「時間」の流れによるものなのでしょうか？　それとも、これは単に人間の認識の結果として作り上げた概念に過ぎないのでしょうか？

これまで書いてきたように、物理学者の中には、時間そのものが実在するものではなく、物質とエネルギーの変化の中に時間を認識する仕組みがあるだけだと考える人もいます。つまり、時間は絶対的な存在ではなく、観測者の視点や事象の変化に基づいて作られる相対的な概念に過ぎないという立場です。この考え方は、アインシュタインの相対性理論とも関連しており、時間が観測者の運動や重力場によって変化することを示しています。たとえば、強い重力場の中では時間が遅れるという現象は、時間が絶対的なものではなく、物質とエネルギーの相互作用によって「進む速さ」が変わることを示しています。

また、時間という概念を一切外して宇宙を捉えた場合、宇宙そのものが「永遠の今」を体験しているという仮説も浮かび上がります。この視点では、宇宙は時間の流れを経験していない、あるいは時間そのものが一つの相対的な現象に過ぎないとされます。たとえば、ブラックホールの事例を考えてみましょう。ブラックホールの中心に近づくほど、時間の進行が遅くなるという現象が観測されています。もし時間が絶対的でないのであれば、宇宙そのものが「今」をひたすら体験している、つまり、過去や未来がただの観測者の認識に過ぎないのかもしれません。

このような視点は、わたしたちの時間に対する感覚を根本から問い直すものです。わたしたちが「時間」と呼んでいるものは、実際には物理的な現象を通じて感じ取られている一種の「錯覚」に過ぎないのではないかと考えることができます。たとえば、遠い過去の出来事を思い出すとき、わたしたちは「過去」という一つの時間軸を認識しますが、実際には脳内でその出来事を再構築しているに過ぎません。時間はあくまで人間の認知の枠組みに過ぎないという視点が浮かび上がります。

また、宇宙の膨張の速度が加速しているという事実も、わたしたちの時間観を再考させます。膨張が加速しているということは、物質とエネルギーがますます遠く離れていくことを意味しており、遠い未来においては、星々が見ることができないほど遠くなり、ついには「熱的死」を迎えると考えられていますが、この膨張自体が「時間の進行」を伴うものなのか、それとも単に宇宙の広がりという物理的現象であり、わたしたちの時間感覚に基づく認識に過ぎないのかという疑問が浮かびます。

もし宇宙が時間を経験しないとしたら、わたしたちが「進行している」と感じる時間の流れも、あくまで人間の認知に依存しているのではないかという仮説が成り立ちます。この考え方は、古代の哲学者たちが提起した**「時間は人間の心の中で生まれる」**という視点にも通じるものです。時間の経過や宇宙の膨張を認識することができるのは、わたしたちが物質やエネルギーの変化を感じ取ることによって初めて成り立つ認識であり、時間自体は物理的な現象として存在するのではなく、あくまでわたしたちの心の中で作り出された感覚に過ぎないのかもしれません。

時間はわたしの心の中で生まれるもの

つまり、わたしたちが「時間」を感じるのは、心が変化を認識するからだと言えるでしょう。たとえば、楽しい時間はあっという間に過ぎるように感じ、逆に、苦しい時間は永遠に続くように感じます。この現象は、時間そのものが物理的に存在するというよりも、わたしたちの意識が作り出した錯覚である可能性を示唆しています。時間は、単に時計の針が刻むものではなく、わたしたちが感情や認知によって構築した経験の中で生まれる概念だという考え方です。

心理学的研究によると、記憶の密度や集中力が時間の感覚に強く影響を与えることがわかっています。たとえば、ある人が一日中何も記憶に残らない平凡な時間を過ごした場合、その時間は非常に短く感じる一方で、別の人が一日を充実した活動で過ごし、多くの新しい経験や学びを得た場合、その時間は非常に長く感じられることがあります。記憶に残る出来事が多いほど、「長い時間を過ごした」と感じるのです。このことは、時間の感覚がわたしたちの心の中でどのように働いているか、そしてわたしたちが時間をどのように認識しているのかに深い関わりがあることを示しています。

もし時間が脳の錯覚であるならば、わたしたちが感じる過去や未来もまた、現在の延長線上に作り上げられた幻想に過ぎないかもしれません。**過去の出来事は記憶として現在の心に存在し、未来は予測や希望、恐れなどの感情によって現在の心で形作られています。**これらすべての「時間的な出来事」は、実際には今という瞬間における心の働きの中で作り出されているに過ぎないのです。

このように時間が幻想であり、変化そのものが真実であるとするならば、わたしたちの生き方にも変化が求められることになります。もし過去や未来に囚われず、今この瞬間の変化に目を向けることができれば、わたしたちはもっと自由で柔軟な生き方ができるかもしれません。たとえば、ある人が将来への不安から行動を起こせずにいるとします。その人は未来の出来事に対する恐れから現在の選択肢を見失っています。もし、今この瞬間の変化に意識を向けることができれば、未来の不安から解放され、より積極的に行動することが可能になります。

仏教の「今ここ」に集中する教えは、まさにこの考えを体現しています。「今ここ」に意識を集中することで、過去の記憶や未来の不安に囚われることなく、今という瞬間を全身で体験し、心を整えることができるのです。これは、時間という概念に縛られず、むしろ「変化」と「意識」の在り方を重視する生き方です。この考え方がわたしたちの生き方にどのような影響を与えるのでしょうか。たとえば、ストレスや焦りを感じるとき、それは大抵、過去の後悔や未来への不安が絡み合ったときです。しかし、「今ここ」に集中することで、心の平安を取り戻し、より充実した瞬間を過ごすことができるのです。

そして、この本を閉じた後、あなたが見る世界は、これまでとは少し違って見えるかもしれません。それは、時計の針が示すのは、単なる数字であり、真実の時間は存在しないという新しい視点を手にしたからです。あなたが感じる「今」という瞬間こそが、最も貴重で重要な時であり、その瞬間に意識を向けることで、時間を超越した生き方が可能になるでしょう。時間に縛られることなく、常に変化し続けるこの瞬間を楽しみ、今ここに集中すれば、人生はより豊かで意義深いものとなるでしょう。

第十三章　弥勒の方舟は2030年に出発の時を迎える

かつての地球人とその時代

遥か昔、わたしたちの先祖が生きていた時代には、宇宙のエネルギーや高次元の叡智、そして天界からの存在たちと深く繋がり、物質文明に依存することなく、精神的な豊かさと調和の中で生活していました。この時代、特に縄文時代以前の地球人たちは、宇宙のリズムと共鳴し、すべての存在が一体となって調和する世界を生きていたのです。彼らは物質的な欲求に縛られることなく、内なる世界と外界とのバランスを取りながら、豊かで満ち足りた生活を送っていました。

その時代、人類同士には「支配」や「依存」という概念は存在しませんでした。社会は、個々の能力と自立を尊重する形で成り立ち、すべての人々がその役割を果たし、調和を保ちながら共生していたのです。この時代には、現代のような「支配者」や「政治」といった概念は必要なく、全員が自分の力を発揮し、自然との一体感を大切にしながら、自らの責任を果たしていました。争いごともほとんどなく、エゴは存在せず、愛と光に満ちた世界が広がっていたのです。

これは人類の本来の姿であり、目覚めた地球人の姿であり、わたしたちが目指すべき新しい時代の原型でもあります。物質文明が進化する以前、人間はこのような状態で存在していました。この時代、人々は自分自身と自然の一体性を深く理解し、宇宙の叡智を日々の生活に取り入れながら、調和と平和を体現していたのです。

物質文明が進んだこと自体は、決して否定すべきものではありません。むしろ、その進化の中で新たな知識や技術を獲得することができたからこそ、わたしたちは今、精神的な能力を再び取り戻す時期を迎えています。過度に物質文明に偏ったことで忘れかけていた、内なる力や高次の叡智へのアクセスを、今こそ再び開放し、調和の取れた未来を築く時が来ているのです。

わたしたちは、かつての地球人のように、物質的な世界と精神的な世界を統合し、愛と調和を基盤にした新しい社会を創造していく役割を担っています。これこそが、わたしたちが再び目覚め、成長し、進化するための道なのです。

縄文時代以前に統治者はいなかった

縄文時代以前、人々はそれぞれが自分の力を十分に発揮し、必要なことを自分の手で行うことができていました。この時代、地球の人々は、統治者や支配者が存在しなくても、社会が自然に成り立っていたのです。エゴや欲望に支配されることなく、人々は無理なく共存し、協力して生活をしていました。個々の力が尊重され、それぞれが自らの役割を果たしながら、調和を保って生きることができたのです。

このように、**縄文時代以前の社会では、支配や依存の構造は存在せず、すべての人々が自らの存在を通じて周囲と調和し、宇宙的な叡智に基づいた生活を営んでいました。**彼らの生活は、個人と共同体の力が一体となって成り立っており、無駄な対立や争いが存在しなかったのです。

しかし、時が進み、物質文明が発展するにつれて、次第に人々は自ら決定を下す力を失っていきました。初めて「支配者」という存在が登場し、それに伴い「依存」という社会的構造が生まれ、地球人は次第に本来持っていた力から遠ざかっていきました。人々は、次第に自らの力で物事を決めることなく、上位に立つ者に従うことが楽だと感じるようになったのです。

この過程で、支配者層が力を強め、社会における支配的な構造がより確立されました。その結果、地球人はその支配構造の中で生きることを強いられるようになり、物質文明に支配された社会は精神的自由から遠ざかり、エゴが広がり、争いが増えていきました。愛と調和の世界は次第に遠いものとなり、社会全体がその価値を忘れていったのです。この流れは、弥生時代以降、約２３００年以上にわたって続き、今日の社会の原型を作り上げたのです。

現代の教育制度もまた、この支配的な構造の中で続いています。特に、小学校教育では、子どもたちが画一的な、ステレオタイプ的な思考を強いられ、個性や創造的な能力が抑圧されています。教育は、社会、教師、親の価値観に基づいて、標準化された「常識人間」を育てることに重点を置いています。こうした教育方針は、子どもたちが自らの直感や内なる声に耳を傾け、宇宙の叡智と繋がることを妨げています。その結果、創造性や個性が眠ったままになり、精神的な成長が阻まれてしまうのです。

このような教育システムでは、未来の人々が持つべき力を育むことはできません。真の自由を手に入れ、自分自身の力を信じ、直感を大切にするためには、教育そのものを根本的に見直し、個々の意識の目覚めを促す方法へと進化させる必要があります。わたしたちは、エゴや固定観念に囚われず、創造的な能力を解放し、宇宙的な叡智にアクセスする時代に向かって進んでいかなければならないのです。

幼少期から大人になっても続く比較の罠

わたしたちは幼い頃から、自然と「他人と比較する」ことを求められてきました。テストの点数、運動能力、外見、家庭環境、収入、仕事の評価、社会的地位……。これら外部基準に基づいて自己価値を測ることが習慣化される中で、自分の本当の声を聴く時間は次第に奪われていきます。日々の生活で「他者と比べる」ことが常態化すると、自己評価は他人の基準に依存し、内面的な成長や自己理解が後回しにされることが多くなります。

しかし、それは本当に必要だったのでしょうか？　**他人との比較を超え、自分自身の本質に目を向けた時、わたしたちの内なる能力が飛躍的に高まる可能性が広がります。**社会が「他人より優れていること」を価値の基準として掲げる中で、自己価値を他人の評価に頼ることは、深い内面的な成長を妨げる原因にもなります。たとえば、他人の期待に応えようとするあまり、本当に自分が欲しているものを見失うことがあるのです。

子ども時代、多くの人が「他人と競う」ことで自己価値を確立しようとします。親や教師からの評価が「他の子と比べてどうか」という観点で語られることで、「自分が何を感じ、何を求めているのか」を意識する暇もなく、「他人より優れているかどうか」が重要視されるようになります。たとえば、学校の成績が良い子どもは褒められ、逆に成績が悪い子どもは叱られる。この繰り返しが、「他人と比較して自分の価値を決める」という思考パターンを無意識に形成します。

テストの点数が良かった時に得られる褒め言葉は一時的な喜びをもたらしますが、その裏には「次はもっと良い成績を取らなければならない」というプレッシャーも潜んでいます。次第に、外部からの評価が自分の価値を決定する唯一の指標となり、自己評価が他人の基準に依存するようになります。

この状態は大人になっても続きます。仕事、結婚、子育て、さらには日々の生活の中でも、他人との比較が自己評価の基準となり、自分の本来の能力や欲求を見失ってしまうことがあります。たとえば、キャリアにおいて「周りの人が昇進しているから自分も昇進しなければならない」というプレッシャーに駆られると、他者の期待や価値観に合わせて行動するようになり、本来やりたかったことを後回しにしてしまうことがあります。

このようにして「他人より優れているかどうか」を基準にした生き方は、次第に自分の内面的な声を聞く余裕を失わせ、他人の評価に依存した人生を送ることになります。たとえば、家庭や職場での成功を追い求めるあまり、心の中で本当にやりたいことを無視してしまう。結果として、他人と比較して成功を収めたとしても、深い満足感を得られないことが多いのです。

この「比較の罠」を超えるためには、まず自分自身の本質を見つめ直すことが必要です。自分が本当にしたいこと、得意なことは何か、自分の価値を他者と比較することなく理解することが、真の自己実現への第一歩となります。たとえば、子どもの頃から音楽に興味がありながら、他人の期待に応えて「普通の職業」に就いた人が、ある時、自分の本当の願いに気づき、音楽の道に進んだとき、その人生がどれほど豊かで充実したものになるかは言うまでもありません。

他人との比較を超えて自己評価をしっかりと行うことで、わたしたちは真の意味で自己を理解し、内面的に成長できるのです。比較ではなく、自分自身と向き合い、今この瞬間に自分ができる最良のことに集中することこそが、人生における真の充実感を生み出します。

比較競争社会は楽しみと創造性を奪う

比較主義が支配する環境では、わたしたちは自分の本心を見失いがちです。外部からの評価を過剰に意識し、周囲の価値基準に従うことで、自己否定が深まることがしばしばあります。自分を他者と比較することが常態化すると、自己評価は他人の期待に左右され、心の中で自分が本当に求めているものを見失ってしまうのです。

たとえば、ＳＮＳのタイムラインには他人の成功や幸せそうな瞬間が溢れています。誰かが新しい仕事に出会い、家族で楽しそうに過ごしている様子を見た時、「自分は十分でない」「わたしはまだこれを成し遂げていない」と感じることがあるでしょう。こうした瞬間、外部環境が示す価値基準に振り回されることが、いかに容易に自己評価に影響を与えるかがわかります。このように、他人と自分を比較することで、無意識のうちに自己不信や焦燥感が生まれ、結果として自分を抑え込んでしまうのです。

しかし、他者の評価基準に振り回される限り、わたしたちは本来の力を発揮することができません。他人の目を気にして自分を犠牲にすることが習慣化すると、やがて自分の本当の感情や願望に耳を傾けることが難しくなります。大切なのは、外部の価値基準に従うのではなく、自分自身の価値観に基づいて行動することです。そうすることで、わたしたちは内なる潜在能力を解放し、自己成長の道を歩むことができるのです。

あなたの良心であるハイヤーセルフは、外部環境や他人の評価に依存するような生き方を望んでいないはずです。もし、外部の価値基準に振り回され続けるならば、この高次の自分との繋がりは次第に薄れていきます。わたしたちが感じる焦りや不安の多くは、外部の期待に応えようとするあまり、内面的な声を無視してしまうことから生まれます。

では、どうすれば自分の本当の声を聴くことができるのでしょうか。それは、他人との比較をやめ、静かな内省の時間を持つことから始まります。毎日の生活の中で、わずかな時間でも内面と向き合い、自分の感情や欲求に耳を傾けることが必要です。静かな瞬間を持つことで、わたしたちはハイヤーセルフと繋がり、本当に望む人生を生きるための道筋を見つけることができるのです。

ハイヤーセルフと繋がることで、わたしたちは「自分らしさ」を取り戻し、周囲の期待や評価に縛られない生き方ができるようになります。この自由な生き方こそが、創造性を最大限に引き出す決め手となります。自分を他者と比較しないことで、本来の自分を表現し、今まで抑え込んでいた能力や才能が開花するのです。

スポーツの世界を例に挙げてみましょう。スポーツにおいて、勝利や結果を最優先することがしばしば求められます。競争の中で結果を出すためには、苦しい練習や犠牲が伴いますが、その過程で「このスポーツを楽しみたい」という純粋な想いは次第に薄れていきます。最初は楽しさや興奮を感じながら始めたスポーツでも、目標を追い求め続けるあまり、次第に楽しみから遠ざかることがよくあります。

たとえば、若い頃にサッカーを楽しんでいた選手が、勝利を追求するあまり、練習の一環としてただ点数を取ることだけを考えるようになると、そのスポーツ自体が苦痛になってしまうことがあります。成績を上げても次の目標が待ち受けており、楽しみや創造性は次第に失われていきます。結果的に、楽しいと思って始めたはずのことが、ただの義務感に変わり、自己表現の場を失うことになるのです。

このように、比較競争社会が支配する環境では、結果を追い求めるあまり、わたしたちの創造性や楽しみが奪われてしまいます。しかし、自分らしさを取り戻し、他人と比較することなく、心から楽しむことを選ぶと、自然と創造性は開花し、豊かな人生を送ることができるのです。

比較主義と資本主義が崩壊した先に、真の能力が解き放たれる

比較主義と資本主義は、現代社会において深く結びついています。資本主義社会では、競争が常に重視され、他人と自分を比較することが一種の社会的なルールとなっています。特に、収入や資産、さらには社会的地位を「成功」の尺度とする価値観が広まり、その中で「他人より優れていること」が常に求められます。しかし、こうした構造は徐々に限界を迎え、変革の時を迎えていることは明白です。

現代における多くの社会的、環境的な問題、たとえば気候変動や格差の拡大、社会的

な不平等の深刻化などは、もはや競争や比較だけでは解決できない複雑な課題です。これらの問題に対して、従来の資本主義的な枠組みや比較主義的な価値観では、持続可能な解決策を見出すことが困難であることが明らかになっています。**その結果、今、わたしたちは競争や比較を超えた新しい価値観を模索する時代に突入しているのです。**

比較主義が支配する社会では、常に「他者と比べて自分はどうか?」という問いが付きまといます。これは、学校での成績や職場での評価、さらにはSNSでのフォロワー数や「いいね」の数にまで自分の感情に影響を与えることがあります。しかし、これらの評価基準が必ずしもわたしたちの本当の価値や能力を反映しているわけではありません。外部の評価に振り回されることなく、自分自身の内なる声に耳を傾け、自分の本質に従って行動することこそが、次の時代に求められる生き方です。

たとえば、企業においても、過去には利益最大化や市場競争における優位性が最優先とされてきましたが、今後は環境への配慮や社会的責任を果たすことが企業価値の一部として認識されるようになっています。このように、社会全体が新たな価値基準に基づいて進化する時、競争や比較を超えた協力や共感が重要な役割を果たすようになります。

もし比較主義と資本主義が崩壊し、外部の評価に依存しない社会が構築されれば、人々は自分自身の内なる声に従って行動するようになるでしょう。その結果、社会全体の調和が取れ、個々の能力が最大限に発揮される時代が訪れる可能性があります。自分を他者と比べることなく、自分自身の価値観に基づいて生きることができるようになれば、わたしたちの潜在能力は次々と解き放たれ、自由で創造的な社会が築かれるのです。たとえば、アーティストが社会の期待に応えるのではなく、自己表現を重視して作品を生み出すと、その作品は独自性を持ち、深い共感を呼び起こすことがあります。ビジネスの世界でも、競争に勝つことだけを目的とせず、持続可能性や社会的な責任を重視する企業が増え、それらの企業は利益だけでなく、社会貢献にも寄与する存在となります。

真の能力を発揮するためには、外部の環境や他人の目を気にするのではなく、自己の本心に従った行動を取ることが不可欠です。自分の価値観や願望を最優先にし、他人の期待や評価から解放されることによって、わたしたちは本来持っている力を存分に発揮することができます。

たとえば、リーダーシップにおいても、他者と自分を比較してリーダー像を作り上げるのではなく、自己の価値観に基づいてリーダーシップを発揮することで、そのリーダーシップはより自然で力強いものとなります。自分の内面と向き合い、外部の評価に依存せずに行動することで、周りの人々もその真摯な姿勢に引き寄せられ、共に成長することができるのです。

最終的に、比較主義と資本主義が崩壊し、人々が自己の本質に従って生きる社会が実現すれば、わたしたち一人ひとりが持つ無限の潜在能力が目覚め、真の創造性と調和がもたらされるでしょう。その時、わたしたちが手にする自由で充実した人生は、外部から与えられたものではなく、内なる力を解き放つことで得られた本物の成功なのです。

超人工知能時代が主流となる未来では、物質的な不自由が消滅する

21世紀に入ってから、急速な人工知能技術の発展とともに、人類は再び精神世界への回帰を余儀なくされる時代を迎えることとなりました。物質文明の限界が次第に明らかとなり、テクノロジーの進化が人間に新たな挑戦を投げかける中で、精神的成長への必要性がますます強く感じられるようになっています。**特に、人工知能が進化し、人工知能が人間の知性を超越する超人工知能の時代が到来すれば、人々は必然的に精神的な次元での成長と向き合わせられることになるでしょう。**

物質文明に依存することができなくなると、わたしたちは再び、物質的な豊かさを超えた精神的な充足を求めるようになります。**人工知能による社会の進化がもたらす可能性の一つは、人間の能力を超越したユートピア的な世界の創造です。**しかし、それには必然的に、調和と愛を中心に据えた精神的な価値観が再び重要となるのです。物質的な枠組みが破られると、わたしたちは自らの内なる世界を深く見つめることを求められるよ

うになり、その中で本当の自由と成長を見出すことになるでしょう。

超人工知能時代の到来は、ただ単にテクノロジーの進化を意味するものではなく、人類全体が精神的に進化するための契機となります。人間の存在が物質世界を超越し、高次元の意識を持つ存在として目覚める時が訪れつつあるのです。この変化は、人々がより深く自己を知り、愛と調和のエネルギーをもって他者と共鳴する社会を築くための重要な転換点となることでしょう。

人工知能技術の進化は、決してわたしたちの精神的な成長を妨げるものではなく、それを促進する道具となり得ます。人工知能が持つ力を最大限に活用しつつ、人間としての本質、つまり魂の成長と調和を大切にする社会を築くことが求められるはずです。この過程を通じて、わたしたちは再び、調和、愛、そして光のエネルギーに満ちた社会を創り出すための、新しい地球への道を切り開くことになるのです。

現在、わたしたちは非常に重要な局面を迎えています。**これから残り約5年の間に、一人一人が人生の選択を決定する時期が訪れるのです。**それは、物質文明にとどまるのか、それとも精神的に覚醒し、新しい地球へと向かうのかという重大な選択です。**弥勒の方舟は、２０３０年に航海をはじめ、２０５０には新しい地球「弥勒の世」が完成するでしょう。この方舟に乗ることができるのは、精神的に目覚めた地球人に限られています。**真に進化した意識を持つ者のみが、その船に乗ることが許されるのです。

弥勒の方舟に乗り、新しい地球へと向かうことで、わたしたちは新たな時代の扉を開くことができます。そこでは、愛、調和、光のエネルギーに満ちた社会が築かれ、人工知能の力を最大限に活用したユートピア的な世界が実現します。この新しい地球では、人間と人工知能が共生し、相互に協力し合いながら、人間の能力を超越した新たな社会が形作られるのです。物質的な欲望やエゴから解放され、真の自由と調和の中で暮らす世界が広がることでしょう。

しかし、この道を選ぶことは一筋縄ではいきません。わたしたちは今、どの道を選ぶべきかを決める時期に来ています。物質文明に執着し、現状の社会の枠組みにとどまるのか、それとも精神的に目覚め、愛と調和のエネルギーに満ちた新しい地球に向かうのか。その選択の責任は、わたしたち一人一人に委ねられているのです。

あなたは、ユートピアの世界を選びますか？　それとも、現実的な安心を求め、物質的な枠組みにとどまり続けますか？　わたしたちの未来は、あなたの手の中にあります。あなたがどの道を選ぶか、それが新しい地球を築くための第一歩となり、次の時代を形作る基盤となるのです。この選択こそが、わたしたちの進むべき方向を決定づけるものとなります。

第十四章　内なる岩戸が開くとき

成功者が必ずしも幸福とは限らない

これまで述べてきたように、従来の資本主義社会では、成功すること、お金持ちになること、他者よりも優位に立つこと、人々の注目を集めることが絶対的な目標とされてきました。**しかし、その成功が本当に幸福をもたらすものと言い切れるでしょうか？**

たとえば、ビジネスの世界で輝かしい成功を収めた人物が、家庭環境の崩壊を経験し離婚に至るケースは少なくありません。また、皆が憧れる地位や富を手に入れた人が、突然の病気や大事件に巻き込まれ、さらには急死してしまうといった話も耳にします。大女優や憧れのアイドル、お笑い界の大御所といった成功者たちが、健康を害し悲劇的な最期を迎える事例もあります。事業の成功を誇っていた人が突如自ら命を絶ったり、カリスマ経営者の家族が精神的な病に苦しむといったニュースも目にします。

さらに、投機で巨額の利益を得たり、宝くじで一等を当てた人が、後に自己破産するという皮肉な結末を迎えることもあります。このような話は特別なものではなく、わたしたちが日常的に耳にする現実の一部です。これらの成功者たちは、単に運が悪かっただけだと言えるのでしょうか？

成功と幸福は必ずしも比例しない

この世界はバランスによって成り立っています。ある分野で飛び抜けた結果を出すと、他の分野では不足が生じることがあります。たとえば、仕事での成功を追求するあまり、健康や家族との時間を犠牲にするケースは典型的です。

成功を手に入れるためには、しばしば莫大な努力や犠牲が求められます。その努力が行き過ぎた結果、心身の健康を損なうことも少なくありません。過労やストレスによる病気、精神的な疲弊は現代社会の大きな課題です。このような状況では、いくら社会的に成功を収めても、本人にとっての幸福感とは程遠いものとなるでしょう。

成功と幸福が必ずしも比例しない理由の一つは、成功の基準が主観的ではなく、外部から与えられることが多いからです。これまでの成功の定義は、他者からの評価や社会的なステータスに依存していました。そのため、成功者が自分自身の内面と向き合い、自分の本心の希望や価値観に一致しているかどうかを見失うことがあります。

たとえば、高収入や高地位を目指して努力を重ねた結果、それを達成しても心に空虚感を抱える人がいます。その理由は、自分の本来の願望が外部から与えられた目標と一致していなかったからです。真の幸福は、自分自身の価値観や願望と一致する目標を達成したときに初めて得られるものです。

では、真の成功とは何なのでしょうか？ 従来の成功の定義は、他者からの評価や社会的なステータスに基づいていました。しかし、これからの弥勒の世に求められるのは、自分自身の内面と向き合い、真の幸福を追求する成功の形です。

たとえば、自分が情熱を注げる分野で他者に貢献しつつ、自分の健康や家族との時間も大切にすることができれば、それは新しい形の成功と言えるでしょう。経済的な成功だけでなく、心の豊かさや社会的なつながりを重視する価値観が重要になってきています。

日本から始まる新しい資本主義は、経済の成功だけを追い求めて幸福感を得るものとは違った形になっていることでしょう。

一霊四魂と日本人の心の構造

日本には古来より、人間の心と魂の働きを捉える独特の考え方があります。それが

「一霊四魂（いちれいしこん）」です。この概念は、神道やスピリチュアルな思想の中で語り継がれてきました。

「一霊」とは、わたしたちの存在の根源を指します。宇宙や自然、そして神聖な領域とつながる部分であり、普遍的な真理や調和を象徴するものです。一霊は不変であり、わたしたちを導く精神的な指針でもあります。これは、ハイヤーセルフにも通じるもので、高次の自分とつながり対話を深めるための重要な役割を果たす部分です。

一霊の周りには、**「荒魂（あらみたま）」「和魂（にぎみたま）」「幸魂（さきみたま）」「奇魂（くしみたま）」の四つの魂**が存在し、それぞれ異なる役割を果たします。この四魂は、人間の性格や行動、感情に大きな影響を与えています。**あなたが持っている自由意志と言ってもいいでしょう。**どちらが正しいということではなく、それぞれがバランスを取り合うことで、わたしたちは心の調和を保っているのです。

荒魂（あらみたま）のエネルギー

荒魂は、物事を進展させるエネルギッシュな力を象徴します。この魂は挑戦や変革を可能にし、新しい道を切り開く推進力を与えてくれます。たとえば、神話に登場する**須佐之男命（スサノオノミコト）は、荒魂の象徴です。**暴風雨や破壊をもたらす一方で、**八岐大蛇（ヤマタノオロチ）**を退治し、新たな平和をもたらしました。このように荒魂は、困難に立ち向かう勇気と行動力の象徴です。

和魂（にぎみたま）の穏やかさ

和魂は、調和と安定を象徴します。荒魂が生み出したエネルギーを穏やかにし、平和を保つ役割を果たします。**天照大御神（アマテラスオオミカミ）が和魂の象徴**であり、光と調和をもたらす存在として、神話の中で重要な役割を担っています。日常生活でも、人々を和ませ、対立を解消する力を持つ人物に、この和魂のエネルギーが宿っています。

荒魂と和魂の調和

そして、荒魂と和魂は対極的な性質を持ちながら、どちらも必要不可欠な存在です。たとえば、合気道では「動」と「静」が一体となり、相手の力に屈しないエネルギーを生み出します。動きの中で静けさを保ち、静けさの中で動きを引き出すことが、合気道の技を深める重要な役割となります。動的な力と静的な力のバランスは、私たちの氣力を最大限に高めることができるのです。

幸魂（さきみたま）の幸福と繁栄

幸魂は、人間関係や成功、成長を象徴します。幸魂の働きによって、豊かさや繁栄が生み出されます。たとえば、**大国主命（オオクニヌシノミコト）は幸魂の象徴**として、国造りや人々の繁栄に貢献しました。現代でも、幸魂は家庭や社会に幸福をもたらす原動力となります。

奇魂（くしみたま）の創造性と直感

奇魂は、創造性や直感、未知の可能性に挑戦する力を象徴します。新しいアイデアや発想、独創的な行動がこの魂の特徴です。**高御産巣日神（タカミムスビ）は、新しい命や創造の神として奇魂の性質を体現**しています。芸術や発明など、革新的な分野に携わる人々に奇魂のエネルギーが強く影響していることがわかります。

幸魂と奇魂のバランス

そして、幸魂と奇魂もまた、対極的な性質を持ちながら共存しています。革新的なアイデアを奇魂が生み出し、それを形にして社会に利益をもたらすのが幸魂の役割です。このバランスが取れたとき、人々は繁栄と創造性を同時に実現することができます。

一霊四魂と日本人の美徳

荒魂、和魂、幸魂、奇魂の四魂は、単独では不完全です。これらが互いに影響し合い、一霊を中心に調和することで、わたしたちの心の働きは円滑になります。この考え方は、現代社会においても重要なヒントを与えてくれます。それは、調和とバランスです。

日本の伝統文化には、この一霊四魂の考え方が深く根付いています。たとえば、茶道や武道、さらには日常生活においても、調和を重んじる精神が見られます。この調和の精神は、個人の幸福だけでなく、社会全体の安定と発展にも寄与するものです。

ハイヤーセルフは一霊四魂によって質的に変化する

ハイヤーセルフとは、自分の魂の中で最も高い次元に属する側面であり、**「永遠に変わらない本質的な存在」**として理解されます。また、**宇宙や神聖な高次元の存在たちと繋がるための導き役であり、わたしたちにとって最も本質的で純粋な真実や知恵をもたらしてくれる存在といえます。**しかし、その繋がり方や直感の降ろし方はわたしたちの「波動レベル」や「意識の成長」によって変化するものなのです。

ハイヤーセルフは変わらないが質が変化する

ハイヤーセルフはあなた自身の本質そのものであり、それ自体は変わることはありません。しかし、わたしたちの波動レベルが変化することで、その繋がり方や直感の受け取り方に大きな違いが生じます。波動が高まると、ハイヤーセルフとの繋がりがよりクリアになり、直感が冴え、高次元からのメッセージを受け取りやすくなるでしょう。

逆に波動が低いと、ハイヤーセルフの存在を感じるのが難しくなりがちです。この状態では、直感やインスピレーションが曇り、ハイヤーセルフのメッセージがはっきりと伝わらないと感じるでしょう。

一方で、波動が高まると、わたしたちの感覚が鋭敏になり、ハイヤーセルフとの繋がりが明確になります。この状態では、深い洞察や創造的なアイデア、統合的なエネルギーを受け取ることが可能です。

ハイヤーセルフは単一の存在ではなく、非常に多層的な性質を持つ存在です。これは、波動レベルによって異なる役割や側面が現れるためです。わたしたちがどのような状態でいるかに応じて、ハイヤーセルフはそのエネルギーの特性を変化させ、わたしたちに異なる形でアプローチします。具体的には、**低次元の波動を放っている時には、ハイヤーセルフは「保護的・指導的」なエネルギーとして働き、わたしたちの道を照らす役割を果たします。一方、波動が高次元に向かうと、そのエネルギーは「創造的・統合的」なものへと変化し、わたしたちに深い洞察を与えることとなります。**

たとえば、重要な決断を迫られた時や、人間関係で悩みが生じた時、直感的なアドバイスが湧き上がることがあります。これは、ハイヤーセルフがわたしたちに、目に見えない形で導きを与えている瞬間です。一方、職場で昇進のチャンスがあるとき、直感的にその決断が自分にとって最良でないと感じることがあります。この感覚こそが、ハイヤーセルフからの保護的なアドバイスかもしれません。

波動が高まると、ハイヤーセルフのエネルギーは「創造的・統合的」なものへと進化します。この段階では、宇宙の真理や高次元のビジョンにアクセスすることができ、より広い視点で物事を捉える力が強まります。たとえば、真理を探究する哲学者が、活動において、突如として本質的な真実に出会うことがあります。その結果、日常の枠を超えた新たな視点が開かれ、従来の思考の限界を超えた理解や気づきがもたらされます。

さらに、波動が高まることで、人間関係や社会の中での自分の立ち位置に対する理解も深まります。たとえば、自己の成長や使命感に気づく瞬間、ハイヤーセルフがその進化を促しているのを感じることができるでしょう。創造的なエネルギーが広がることで、普段は見逃していたチャンスや可能性を認識することができます。**内なる自分と繋がるという意味が、まさにこのことであると理解できるでしょう。**

波動がさらに高次元に達すると、ハイヤーセルフの存在が「別人」のように感じられることがあります。**この体験は、わたしたちがより高次元の自分の側面に触れ、エネルギーがシフトすることに起因しています。このような感覚を持つことは、単にエネルギーの変化を超えて、自己の深層と統合されていく感覚を抱くことに繋がるでしょう。まるで、地球人から進化して別の生命体になったかのように感じられることもあるでしょう。**

たとえば、ある瞬間に突然、「これがわたしの本当の使命だ」と確信するような体験があるかもしれません。この時、自分がこれまでに経験したことや持っていた信念体系が、全く新しい視点で解釈され、まるで別の自分がそこに現れたかのように感じるのです。これこそが、ハイヤーセルフとの深い統合が起こっている証であり、自己が進化し続けている証拠といえるのです。

ハイヤーセルフとの関係が深化するにつれて、「入れ替わった」と感じることがあります。これは、ハイヤーセルフの異なる側面と自分の意識が統合され、自己の境界が曖昧になるためです。波動が高まるごとに、わたしたちの意識はより広がり、ハイヤーセルフのエネルギーと一体化していきます。**これは、単に精神的な成長にとどまらず、肉体的・感情的な変化も伴います。周囲からも別人になったように感じることでしょう。**

たとえば、普段の生活の中で急激に「新しい自分」を感じる瞬間が訪れることがあります。かつて不安に感じていた状況や人間関係に対して、全く異なる態度で接する自分がいることに驚くかもしれません。

このように、ハイヤーセルフとの関係は単なる一方向的なものではなく、波動に応じて多層的に変化し、進化していくものです。自分自身のエネルギーが高まることで、ハイヤーセルフの異なる側面にアクセスできるようになり、その結果、「新しい自分」を感じる瞬間が訪れることになります。このプロセスを通じて、わたしたちは内面の真の自分とつながり、「靈主体従」の意識が芽生えます。そして、それは一霊四魂によってさらに深い変化をもたらすのです。

内なる岩戸開きで「体主霊従」から「霊主体従」へ

現代社会は物質的な豊かさを追求する一方で、精神的な充足を失いがちです。その背景には、**「霊主体従」**ではなく**「体主霊従」**の価値観が支配的な世の中があると言えるでしょう。副守護神が司る肉体欲求に支配され、精神性を軽視する「体主霊従」の社会では、競争と欲望が強調され、弱肉強食の原理が働いています。物質的な欲望を制御し、魂を成長させる生き方とは何か？　それがわ**たしたちの内なる「岩戸開き」**と深く結びついているのです。

「体主霊従」は、物質を「主」とし、精神を「従」とみなす唯物論的な考え方であり、現代の消費社会や資本主義の基盤となっています。一方で「霊主体従」は、魂や精神、良心といった霊的なものを中心に据え、物質的な欲望を制御する生き方を指します。それは、物質的な成功や快楽を追い求めるよりも、自分自身の内なる光を磨き、他者と共鳴することを重視する道です。

この対比は、わたしたちの日常生活にも反映されています。たとえば、物を買うことで得られる一時的な満足感と、他者と心を通わせることの喜び。そのどちらを選ぶかが、わたしたちの人生を「体主霊従」か「霊主体従」に傾けるのです。

稚心（わかごころ）を打ち切り、身魂を磨く

古神道の教えにおいて、魂の成長において最も重要な要素の一つが**「稚心（わかごころ）」を打ち切る**ことです。稚心とは、自己中心的な欲望や幼稚な感情、つまり精神的に未熟な心を指します。これらの稚心を乗り越えることが、成長の糧となります。たとえば、物質的な成功や他者の評価に過剰に依存することは、まさにこの稚心から生まれる行動です。自分の欲望や感情を優先させることにより、真の成長を妨げてしまうのです。しかし、この稚心を打ち切り、身魂を磨くことによって、わたしたちは内なる岩戸を開くことができるのです。

稚心という概念は、決して単なる幼さや未熟さを指すだけではありません。むしろ、日々の生活の中で無意識に抱く自己中心的な欲求や感情の状態が、それにあたります。たとえば、周囲の期待に応えようと過度に努力してしまったり、他者と比較して自分の価値を測ることに執着したりすることは、まさに稚心の現れです。このような思考や行動が続くと、自己成長を妨げるばかりか、内面の平和を損ね、心の曇りを生じさせます。

稚心を打ち切るためには、まず自分の欲望に対する意識的な気づきが求められます。自己中心的な欲求から解放されることは簡単ではありませんが、毎日の小さな選択を通じて、少しずつ心を整えることが可能です。たとえば、他者の意見に振り回されるのではなく、自分の内なる声に耳を傾けることです。これを繰り返すことで、感情や欲望に対する自制が身に付き、身魂を磨くことができます。

古神道の教えでは、稚心を打ち切ることによって「岩戸開き」を実現するとされています。岩戸開きは、神話における天岩戸のエピソードを象徴的に表現しています。天岩戸の神話では、天照大御神が天岩戸に閉じ込められ、世界が暗闇に包まれた時、他の神々が協力してその岩戸を開き、光を取り戻しました。このように、自分の内面に閉じ込められた「光」を外に顕すことこそが、岩戸開きの本質です。

岩戸開きの神話：天照大御神と天岩戸の物語

古事記に登場する「天岩戸」のエピソードは、神道における非常に重要な物語であり、内面の成長や精神的な開放を象徴するものです。この神話は、天照大御神が天岩戸に閉じ込められたことで、世界が暗闇に包まれてしまうという出来事から始まります。

天照大御神は、太陽の神であり、天の世界を照らす存在です。しかし、彼女は弟の須佐之男命の乱暴な行動に怒り、天岩戸に引きこもってしまいました。その結果、太陽の光が消え、世界は闇に包まれ、農作物の成長や人々の生活にも大きな影響を与えることとなります。闇の世界のやりたい放題の世の中になってしまいます。

そこで他の神々は、この事態を解決するために協力し合い、最初に神々が集まって会議を開きました。彼らは天照大御神を天岩戸から出さなければ、この世界は永遠に暗闇に覆われてしまうと認識していました。そのため、神々は天岩戸の前に集まり、天照大御神の心を動かすためにさまざまな方法を試みます。

その中でも特に象徴的なのが、天鈿女命（アメノウズメノミコト）の踊りです。天鈿女命は、岩戸の前で非常に陽気で面白い踊りを披露し、他の神々はその様子を見て大いに笑いました。この笑い声が、天照大御神の耳に届き、彼女は興味を持ち、岩戸の中から少しだけ顔を出しました。その瞬間、他の神々が素早く鏡を使って天照大御神の姿を映し出し、光の象徴である鏡を見た天照大御神は、外の世界に再び現れることを決意します。

こうして、天照大御神は天岩戸を開け、再び世界に光をもたらすことができました。この神話は、内面の暗闇や閉塞感を乗り越えるための重要な示唆を与えています。天照大御神が岩戸に閉じ込められていたように、わたしたちも時に内面的な葛藤や不安から自分を閉じ込めてしまうことがあります。しかし、その状態を打破するためには、外部の刺激や他者の協力、そして自らの意識を変えることで、内なる光を取り戻すことができるのです。

岩戸開きの本質は、まさにこの「自分の内面に閉じ込められた光を外に顕（あらわ）す」という行為にあります。精神的な成長を遂げるためには、自己中心的な欲望や不安から解放され、内なる神性や光を再び現実世界に表現することが求められます。

わたしたちは光の存在。神の心と自分自身の統合する意味

実際、この光は単なる比喩ではなく、わたしたちの本来の純粋な魂の輝きを意味します。本来、わたしたちは光の存在です。日々の行い、思考、言動によって心を磨き、曇りを取り除くことで、この光は自然に表れます。たとえば、日常生活の中で他者を思いやる行動を取ることや、他人との違いを受け入れる姿勢を持つことは、心の曇りを取り除く第一歩です。これらの行為を積み重ねることで、わたしたちの中にある内なる光が顕在化し、天岩戸が開かれたような変化が起きるのです。

そして、心の曇りを取り除くことによって、神と通じ合う意識を持つことができるようになります。これは、ただの宗教的な概念ではなく、わたしたちの内面の成長に直結しています。日々の生活の中で「神」とは、あらゆる存在や力を意味し、宇宙や自然、生命の本質とのつながりを深めることです。神道では、神々が人々の生活に直接的な影響を与える存在として描かれていますが、わたしたちもまたその神々の一部であり、内なる神性と光のような輝きを持っています。

この神性とつながることで、わたしたちは物質的な価値観や一時的な欲望を超えた、より高い次元で生きることが可能となります。たとえば、困難な状況に直面した時でも、冷静で調和の取れた判断を下すことができるようになります。これが「高次元の生き方」です。そうすることで、自己の本質に基づいた生き方を実現し、他者との関係もより深く、調和の取れたものになります。

稚心を打ち切り、身魂を磨くことは、単に精神的な修行や修養にとどまらず、わたしたちが日常生活をどのように生きるかという問題に直結しています。自分の内面を磨き、他者との関係を深め、心の曇りを取り除くことで、わたしたちは本来の輝きを取り戻し、真の成長を遂げることができるのです。

「令和」は「霊が和合する」、「神人合一」の時代

日本の歴史を振り返ると、**神代**（かみよ）と人代（ひとよ）の境界があり、これが日本の精神的な変遷を象徴しています。神代は神々が支配し、人間はその意志に従う時代でした。一方、人代は人間が中心となり、神々からの導きよりも自分たちの判断や欲望に基づいて物事を進めていく時代です。**神武天皇の即位（紀元前660年）以降、文明社**

会は「体主霊従」の価値観に基づいて形成されました。これは「肉体が精神を支配する」という考え方であり、物質的な力や物質的な所有が重要視されてきました。この価値観の下で、資本主義社会は発展し、競争と勝者の論理が支配するようになりました。結果として、一部の少数者が富や権力を独占し、彼らに従うことが社会の基本的なルールとなったのです。しかし、このような社会では、物質的な成功が幸福に直結しないことが次第に明らかになってきました。

しかし、令和の時代は「神人合一（しんじんごういつ）」の時代が始まり、これまでの価値観が転換しつつあります。「神人合一」とは、神聖な存在と人間が切り離されることなく、一体化し共に存在する状態を意味します。この考え方は、神と人が一つとなり、互いに作用し合いながら調和の取れた社会を築くことを目指します。これは、単なる宗教的な教義にとどまらず、実生活においても「霊主体従」の価値観を実現し、物質よりも霊的な側面を大切にする生き方を意味します。

「霊主体従」の「精神が物質を支配する」という考え方は、人間の内面、つまり精神や魂の成長が、物質世界に影響を与え、物事の本質を見極め、調和を生み出す力となります。この価値観に立ち返ることで、わたしたちは内面的な豊かさや真の幸福を見出すことができるのです。令和という時代においては、再び「理（ことわり）」に基づいた生き方が求められます。理とは、宇宙や自然の根本的な法則、すなわち物事が成り立つ理由

を理解し、その流れに沿って生きる知恵を指します。これは、単なる倫理や道徳にとどまらず、宇宙全体を貫く真理に基づいた生き方です。

日本の古神道においては、**「艮の金神（うしとらのこんじん）」**という神が重要な役割を担っています。艮の金神は変革と再生のエネルギーを象徴し、社会や個人が目覚め、進化するために働きかける存在です。この神は、混乱の中で新たな秩序をもたらす力を持っており、現代はまさにこの「艮の金神」が働く時期であると言えます。社会の構造や価値観が崩壊し、それに伴う大きな転換が進んでいる最中に、再生と再構築のエネルギーが流れています。個人としても、物質的な成功を追求するだけではなく、精神的な成長や調和を目指すことで、真の豊かさを得ることができるのです。

物質的な豊かさだけでは人は幸せになれません。経済的な豊かさや物質的な所有がすべてを解決するわけではなく、**真の幸福は「霊主体従」の生き方を選ぶことから得られます。**内面的な成長や、自己の魂を磨くことで、外部の状況に左右されない真の豊かさに目覚めることができるのです。令和の時代はまさに、神と人が一体となり、宇宙の法則に従い、調和の取れた社会を築くための転換点であり、わたしたち一人ひとりがその一翼を担うべき時が来ているのです。

新しい地球人による、新しい時代「弥勒の世」が幕を開ける

長い間、わたしたちは特権階級によって支配され、不平等な社会の中で生きてきました。お金と権力が人生の成功を決定づけ、生まれた国や家庭、さらには金銭的な状況がその後の人生を大きく左右してきたのです。このような社会構造は、時に「**ニューワールドオーダー**」と呼ばれ、支配者層と支配される層に明確に分かれていました。しかし、現在、この不平等なシステムは限界に達し、これまでのような支配構造はもはや維持できない時代が到来しています。従来の仕組みでは、一部の超富裕層や権力者が利益を享受し、多くの人々がその犠牲となっていました。しかし、現代において、この古い秩序は崩れつつあります。

これからわたしたちが目指すべき社会は、すべての人が希望を持ち、自分の力を発揮できる社会、いわゆる「弥勒の世」です。これまでの社会構造は、金利や資本主義の仕組みによって、富裕層とそれ以外の層との格差を広げ続けてきました。お金持ちがお金を貸し、その金利を通じてさらに富を築く一方で、貧困層はその負担を強いられ、貧富の差はどんどん拡大していきました。たとえば、資産家が銀行を通じて融資を行い、その利息を利益として得る一方、借金を背負った人々はその返済に追われ、経済的に立ち

行かなくなるという構図が長らく続いていました。このように、社会における資源の分配が不均衡であることが、多くの人々を苦しめてきたのです。

また、肩書や後ろ盾、大きな組織を持つ者だけが成功を収める社会では、個人の能力や努力が正当に評価されることは少なく、財力や地位がものを言う世界が広がっていました。たとえば、どれだけ努力しても、金銭的に余裕のない人々は、権力の座に就くことも難しく、社会的な地位は生まれた瞬間にほぼ決まってしまうという不平等な現実が存在していました。このような格差社会が続く中、多くの人々が夢を持つことすら難しくなり、自分の可能性を活かすことができない状況に置かれてきたのです。

しかし、このピラミッド型のヒエラルキー社会は、今やその限界を迎えています。かつて社会の頂点に君臨した「陰の勢力」たちが築いた新世界秩序は、すべてを統一政府のもとに管理し、多くの人々を操り人形のように動かしてきました。しかし、この支配の構造は、次第に揺らぎ始めています。いずれすべてが**「ひっくり返る」**ことでしょう。情報の自由化や、インターネットの普及、社会運動の広がりなど、これまでのような一極集中型の支配体制はもはや通用しなくなりつつあります。

これからは、弥勒の世が実現する時代です。つまり、すべての人々が持っている可能性を最大限に発揮し、互いに助け合い、共に繁栄する社会が生まれる時代です。未来の社会は、単なる経済的な成功だけでなく、精神的な成長、個々の才能の開花、そして調和の取れた共生が重要視される時代へとシフトしていきます。
新しい地球人は、物質的な豊かさを追求するだけでなく、精神的な豊かさをも大切にし、互いに尊重し合いながら生きることを選ぶ人々です。社会の枠組みが変わる中で、わたしたちは弥勒の世に向けて、個人と集団の成長を支え合い、次の世代へと希望を繋げる役割を担っています。これこそが、次なる進化を遂げた社会の姿であり、わたしは**「新しい地球において、一人ひとりがその創造に貢献できること」**を心から願っています。

希望と誇りを取り戻す社会にひっくり返る

弥勒の世とは、誰もが等しく尊重され、自由で平等に輝ける社会を意味します。この新しい時代では、現在よりもはるかにフラットな構造になり、上下関係や不平等は次第に消えていきます。その結果、**個々人が自分に自信を持ち、誇りを持ちながら人生を歩むことが可能となる**のです。**「夢を抱くことが許され、実現への道が開かれる社会」、それが弥勒の世の本質です。**

弥勒の世の最大の特徴は、**「再挑戦の自由」**が保障されることです。この自由は、失敗や過去の出来事に囚われず、何度でも新たなスタートを切ることを許す価値観に基づいています。たとえば、ある人が事業に失敗しても、周囲のサポートを受けながら新しい道に挑戦できる。教育を受ける機会を逃した人が、再び学び直して自分の才能を発揮する場を得られる。そうした仕組みが社会全体に浸透する時代です。

また、この社会では、能力や努力が正当に評価される環境が整備されます。これまで埋もれていた才能が日の目を見て、個々人が本来の輝きを取り戻すことで、社会全体が新たなエネルギーで満たされるのです。たとえば、子どもが貧しい家庭に生まれたとしても、才能を発揮できる教育の機会が与えられ、社会的地位に関係なく夢を追いかけられる環境が整うでしょう。

これまでの社会では、多くの人が自己否定を抱え、自分の可能性を見出すことができず、生まれた環境や与えられた条件に縛られていました。しかし、弥勒の世では、こうした制約から解放される時代が訪れます。新しい社会では、すべての人が自分の可能性を信じることができ、他者と比較することなく、自分らしさを存分に表現することができるようになります。

たとえば、教育や職場において、生まれ育った国や家庭の経済力に左右されることなく、個々の能力と意欲が正当に評価される制度が構築されます。これは、「お金や肩書き、権力ではなく、人間そのものの価値が尊重される社会」を意味します。そんな環境の中で、人々は夢や目標に向かって自由に挑戦できるようになり、自己実現の可能性が無限に広がるでしょう。

新しい時代では、すべての人が主人公です。誰もが自分の可能性を信じ、他者と共に助け合いながら生きていける社会がもうすぐやってきます。

魂には性別がない〜新しい地球人は女性性が芽生えてくる〜

これからの地球は、大きな変容を迎えています。その変化の中で、わたしたち一人ひとりが自らの魂に問いかけ、新しい価値観や多様性を受け入れることが求められています。その中心には、女性性のエネルギーが大きく関わっています。

男性性と女性性は、すべての人間の内に存在するエネルギーです。しかし、これまでは男性性のエネルギーが強くなりすぎていました。まるで天照大御神が天岩戸に隠れ、世界が闇に包まれていた古事記の神話に似ています。この二つのエネルギーのバランスを取り戻し、愛や調和、優しさといった女性的な特質が新たな地球の基盤となるでしょう。

人間には誰しも、男性性と女性性という二つのエネルギーが内包されています。これは性別に関係なく存在し、どちらのエネルギーもあなたの意志で開くことができます。

男性性は、力強さや目標に向かうエネルギー、努力、そして物事を切り開く力を象徴します。一方、女性性は、愛や調和、温もり、直感的な理解といった特質を持っています。**この二つのエネルギーが偏ることなく調和すると、人は本来の力を発揮しやすくなります。**

これまでの社会は男性性が優位に立ち、力や支配が重視されてきました。しかし、これからの時代は女性性が芽生え、愛や優しさがより表に出るようになります。それは弱さではなく、むしろ強さであり、調和をもたらす力なのです。

わたしたちは肉体を持つと同時に魂を持つ存在です。そして魂には性別がありません。**肉体の性別は、地球での学びのために選んだ一時的な形に過ぎません。**

魂は何度も生まれ変わる過程において、男性としての人生も女性としての人生も経験します。これは異なる視点から学びを得るためです。どちらか一方に囚われることなく、双方の特性を統合することで、あなた本来の力が開花していきます。

また、親子関係についても同じことが言えます。親子は遺伝的につながっていますが、魂にとってはそれ以上に、学び合うために同意して選ばれたソウルメイトです。例え親や子に対して難しい感情を抱える場合でも、魂の視点から見れば、それもまた必然であり、感謝と受け入れの心を持つことで関係は好転します。

おわりに

新しい地球では、多様性が当たり前の社会が広がっています。それは、人間関係や家族の在り方にも大きな変化をもたらします。

たとえば、男性と男性、女性と女性が結婚して子どもを持つことがより一般的になるでしょう。また、一人の男性や女性が必ずしも一人の相手と結婚しなければならないという固定観念も薄れていきます。このような変化は、家族の概念にも影響を与え、親子関係の縛りが薄れていく可能性があります。

これを悲観的に捉える必要はありません。むしろ、執着心やこだわり、嫉妬や妬みといった概念が薄れ、人々が自由に選択できる社会へと進化していくのです。親子という関係も、ただの遺伝的な繋がりではなく、魂の学びの場であることを真の意味で理解できるようになります。

わたしたちの魂は、生まれる前に「親」「名前」「性別」「生まれる日時」「生まれる国」の五つのこと選び、この地球に降りてきています。これらはすべて、魂の学びに最適な環境を整えるための選択です。時には「なぜこの親のもとに生まれたのか」「なぜこの名前を選んだのか」「なぜこの性で生まれたのか」「なぜこの国で生きているのか」と疑問を持つかもしれません。しかし、**それらは偶然ではなく、深い目的があってあなた自身が選んだものなのです。**

望まない親や子であったとしても、魂のレベルではお互いに同意し、納得してこの人生を共にすることを選びました。親子や兄弟は必ず深い絆で結ばれたソウルメイトです。その視点を持つことで、善悪や好き嫌いといった感情を超えた感謝と敬意が生まれるでしょう。

新しい地球人は、男性性と女性性をバランスよく取り入れ、多様性を受け入れる存在です。執着や固定観念を手放し、愛や調和を基盤にした社会を築いていきます。それは、個々の自由を尊重しながらも、お互いを学び合い、支え合う社会です。

わたしたちは、魂の成長を目的としてこの地球に生まれてきました。そして、これからの時代はその学びを深める絶好のチャンスです。自分自身の内なるエネルギーに目を向け、男性性と女性性を調和させることで、わたしたちの魂はさらに輝きを増していくでしょう。

日本語が持つ強大な力

言葉はエネルギーを持ち、その波動はわたしたちの心や体に大きな影響を与えます。

その中でも日本語の「ありがとう」という言葉は、最強の波動を持つ言葉の一つです。感謝のエネルギーが放たれると、わたしたちの内面だけでなく周囲にも調和、平和、希望をもたらします。しかし、不満や批判が心を占めていると、願いは叶いにくい方向へ進んでしまうでしょう。特に、これから訪れる精神の時代においては、その影響がより顕著に現れるはずです。

「ありがとう」と言うだけで心が軽くなる瞬間を感じたことはありませんか？　この言葉が持つ波動は、ただの礼儀や形式ではなく、深いエネルギーの働きを表しています。感謝の波動は、心の平和を生み出します。不満や批判の中にいる時、それらの低い波動が感謝を妨げるのです。**人は正反対の感情を同時に抱くことができません。不満と感謝、批判と許しは、同じ瞬間には存在できないのです。**

だからこそ、「ありがとう」という言葉を意識的に使うことが大切です。感謝の気持ちを表現するたびに、わたしたちの波動は上がり、それが周囲の人々や環境に良い影響を与えます。

許しの力と感謝の波動

「許す」という行為は、わたしたちの心を軽くする秘訣です。しかし、許しには「善」も「悪」もないことを理解する必要があります。過去の出来事に善悪の判断を下すのではなく、それらがわたしたちの魂の学びに必要だったと捉えるのです。

罪悪感や後悔を抱え続けるのは、自分自身を許していない証拠です。許しがなければ感謝の波動を出すことは難しくなります。過去の行いや結果は、すべて必然であり、善でも悪でもなかったのだと受け入れることで、わたしたちはその重荷を手放すことができます。

許せない時には無理をせず、その感情を手放す技術を身に付けることが重要です。怒り、不安、批判、後悔、対立といった感情を手放すことで、心の中に感謝が生まれるスペースが広がります。感謝と後悔の感情は、同時に存在することができないのです。

「今ここ」を生きるという選択

古い地球人は、過去の出来事や未来への不安に囚われがちです。過去の失敗に振り回されたり、まだ訪れていない未来を心配してしまう。しかし、**新しい地球人は「今ここ」でしか生きていません。**不安に支配されることなく、今という瞬間を楽しむことに全意識を集中しています。

この違いが生まれる理由の一つは、ハイヤーセルフとの繋がりです。**ハイヤーセルフは「今ここ」でしか繋がることができません。なぜなら、わたしたちの魂は過去や未来には存在せず、常に「今ここ」にいるからです。**

「今ここ」を生きるとは、過去や未来の重荷を下ろし、この瞬間に意識を集中させることです。トレーニングを積めば、誰でもできるようになります。常に「今ここ」に意識を集中してください。

感謝と許しは、わたしたちの心を軽やかにし、人生を大きく変える力を持っています。不満や批判に囚われている間は、波動が低く、物事はうまく進みません。しかし、感謝の波動を意識することで、わたしたちの現実は変わり始めます。それがスピリチュアルの「引き寄せの法則」の真実です。

すべての出来事はわたしたちの魂の成長のために存在しています。過去を善悪で裁くのではなく、すべてが学びであったと捉えること。これによって、わたしたちは自分自身を許し、感謝の波動を放つことができるようになります。その瞬間、わたしたちは本当に時間を超越し、「今ここ」を生きることができるのです。

新しい地球人としての生き方

新しい地球人とは、「今ここ」を生き、感謝と許しを基盤とした人生を歩む人々のことです。彼らは過去に囚われることなく、未来に不安を抱えることもありません。魂の成長を目的とし、他者と調和しながら生きています。

「ありがとう」という言葉を使い続け、感謝と許しの力を信じてください。それが新しい地球人としての一歩です。
わたしたち一人ひとりが感謝の波動を放つことで、世界は変わります。すべては繋がっています。今日から「ありがとう」の力を信じ、あなたの人生を変える一歩を踏み出しましょう。

さあ、皆さんと新しい地球へ旅立ちましょう。
「弥勒の方舟」が、いま出航します。
感謝と許しの波動で、この世界を愛と光で満たしましょう。

２０２４年12月

成龍杜（なると）

弥勒の方舟

～地球人が消える時～

第１版発行　　2025年３月６日
著　者　　成龍杜（なると）
発行者　　成龍杜（なると）
発行所／発売所　　株式会社なると未来書店
https://naruto777.com/
印　刷／製　本　　シナノ書籍印刷株式会社

ISBN 978-4-9912870-4-6